A GRANDE DESISTÊNCIA HISTÓRICA
E O FIM DA SOCIEDADE INDUSTRIAL

Marcio Pochmann

A GRANDE DESISTÊNCIA HISTÓRICA E O FIM DA SOCIEDADE INDUSTRIAL

DIREÇÃO EDITORIAL
Edvaldo M. Araújo

CONSELHO EDITORIAL
Fábio E. R. Silva
Jonas Luiz de Pádua
Márcio Fabri dos Anjos
Marco Lucas Tomaz

PREPARAÇÃO E REVISÃO
Hanna Késia dos Santos Lima
Thalita de Paula

DIAGRAMAÇÃO
Danielly de Jesus Teles

CAPA
Mauricio Pereira

Todos os direitos em língua portuguesa, para o Brasil, reservados à Editora Ideias & Letras, 2022.

1ª impressão

Avenida São Gabriel, 495
Conjunto 42 - 4º andar
Jardim Paulista – São Paulo/SP
Cep: 01435-001
Televendas: 0800 777 6004
vendas@ideiaseletras.com.br
www.ideiaseletras.com.br

Dados Internacionais de Catalogação na Publicação (CIP)
(Câmara Brasileira do Livro, SP, Brasil)

P739g

    Pochmann, Marcio
    A grande desistência histórica e o fim da sociedade industrial / Marcio Pochmann.
    — São Paulo: Ideias & Letras, 2022.
    152 p. : il. ; 15,7 cm x 23 cm.

Inclui bibliografia
ISBN 978-65-87295-30-5

1. Economia. 2. Economia brasileira. I. Título

2021-4615

CDD 330
CDU 33

Elaborado por Odilio Hilario Moreira Junior - CRB-8/9949
Índices para catálogo sistemático:
1. Economia 330
2. Economia 33

Sumário

Apresentação   9

1. Estado e capitalismo no Brasil   17

   1.1. Determinantes na relação do Estado no capitalismo brasileiro   19

      1.1.1 Determinantes externos   20

      1.1.2 Determinantes internos   24

   1.2 Inflexão atual no padrão de políticas públicas da Nova República   28

      1.2.1 Realinhamento com o velho centro dinâmico global e comprometimento da soberania nacional   30

      1.2.2 Reorganização da maioria política para as reformas neoliberais e a asfixia da federação   32

      1.2.3 Redefinição do fundo público para financeirização da riqueza e do distanciamento do projeto de sociedade includente   34

   1.3 Considerações finais   37

2. Construção estatal e montagem da industrialização   39

   2.1 Estado mínimo no Império e República Velha   43

   2.2 Estado desenvolvimentista no ciclo da industrialização nacional   53

   2.3 Considerações finais   65

3. Desindustrialização e setor produtivo: experiência do pós-ditadura   67

   3.1 Industrialização tardia na periferia: cenário externo e decisões internas no Brasil   71

      3.1.1 A positividade do cenário externo   72

      3.1.2 Os acertos nas decisões internas   74

3.2 Desindustrialização precoce: cenário externo 77
e decisões internas no Brasil

   3.2.1 A negatividade do cenário externo *79*

   3.2.2 Os equívocos nas decisões internas *82*

   3.2.3 Reposicionamento estatal no mundo *86*

3.3 Ciclo dos serviços e do agronegócio: 91
a estagnação secular

   3.3.1 Atalho para o futuro subdesenvolvido *98*

4. Estado de bem-estar social no Brasil: 101
a construção interrompida?

4.1 Panorama de longo prazo da exclusão 105
social no capitalismo periférico

   4.1.1 Capitalismo nascente e os setores *105*
orgânico e inorgânico no velho agrarismo

   4.1.2 Circuitos inferior e superior da *108*
urbanização capitalista na sociedade industrial

   4.1.3 O estado de bem-estar social e a gestão *110*
da exclusão capitalista na sociedade de serviços

4.2 Impasse político: Estado de bem-estar 113
social ou conversão privada de oferta via mercado
na transição capitalista para a sociedade de serviços

4.3 Considerações finais 122

5. Estagnação e desestabilização do mundo 125
do trabalho no Brasil

5.1 Estagnação nacional 125

   5.1.1 Constrangimentos externos *128*

   5.1.2 Equívocos internos *128*

5.2 Desestabilização do mundo do trabalho 130

   5.2.1 Força e fraqueza do trabalho regulado *134*

   5.2.2 Sociedade salarial desestruturada *138*

   5.2.3 Desconstituição do emprego formal *142*

5.3 Considerações finais   145

Referências bibliográficas   147

Apresentação

A forma passiva e subordinada com que o Brasil ingressou na globalização em 1990 consolidou as bases pelas quais o neoliberalismo implodiu a sociedade urbana e industrial que se encontrava em construção desde o lançamento do Manifesto do Partido República nos anos 1870. Naquela oportunidade, o surgimento da contraelite formada por profissionais liberais à dominância agrarista começou a gerar espaço político para a implementação do projeto de mudança na sociedade brasileira.

O arquipélago sociopolítico, reflexo das "ilhas econômicas" a cobrir o território nacional herdado da fase colonial, sem modificação no Império, se reproduziu na ausência de partidos de dimensão nacional, confirmado pela diversidade e fragmentação dos partidos republicanos de base política estadual. A inédita experiência sul-rio-grandense destoante da República Velha (1889-1930) abriu caminho para que o trabalhismo amparado no positivismo oferecesse uma alternativa ao dominante liberalismo presente no capitalismo nascente pouco diferenciador do passado agrário e escravista.

Entretanto, isso passou a se manifestar no Brasil como um todo somente a partir da Revolução de 1930, um pouco mais de quarenta anos depois do modo de produção capitalista ter se tornado dominante no país. O projeto industrialista presente em parte do movimento abolicionista e republicano havia sido logo obstaculizado pela oligarquia agrarista dominante que, a partir da presidência do fazendeiro paulista Prudente de Morais (1894-1898), fortaleceu a hegemonia da política dos governadores e do coronelismo político.

Assim, entre a Revolução de 1930 e o governo da Nova República de transição à ditadura civil-militar (1964-1985), praticamente coincidindo com os eventos mundiais da Depressão de 1929 e o fim da Guerra Fria (1991), o Brasil mudou profundamente a sociedade. Do primitivo passado predominantemente rural erigiu a moderna sociedade urbana e industrial, composta de inédita classe média assalariada e ampla classe operária.

No ano de 1920, por exemplo, o Brasil possuía menos de 28 milhões de habitantes, tendo somente 74 cidades com mais de vinte mil residentes, o que representava 17% do total da população. Um século depois, o país detinha mais de 212 milhões de habitantes (um número 7,7 vezes maior) e 1.787 municípios com mais de vinte mil residentes, correspondendo a 85% do total dos brasileiros.

Para um país agrário e extrativista, inserido na Divisão Internacional do Trabalho (DIT) enquanto produtor e exportador de produtos primários, representando menos de 1% da riqueza mundial, a passagem para a sociedade urbana e industrial mudou completamente a nação. Em apenas meio século, o país se postou entre as seis economias industriais mais importantes do mundo, presente na DIT como produtor e exportador de produtos manufaturados responsável por 3,2% da riqueza mundial.

Apesar disso, o Brasil que encerrou a década de 1980 não mais conseguiu abandonar a quadra histórica demarcada pela estagnação econômica e reversão social. Essa constatação, guardada a devida proporção, estabelece conexão com a Teoria da Estagnação Econômica de Celso Furtado propositada diante do avanço da ditadura civil-militar a partir de 1964, a qual terminou sendo criticada, posteriormente, por Serra e Tavares.[1]

Para tanto, cabe destacar que, na turbulência dos anos 1960, a saída autoritária na época expressou a desistência burguesa da aliança democrático-popular pela realização das necessárias reformas estruturais para superar o subdesenvolvimento que encharcava o capitalismo brasileiro. A preferência pela submissão do que havia de burguesia interna ao posto rebaixado de sócio menor do capitalismo internacional permitiu que a expansão acelerada da economia brasileira transcorrida na época pudesse ser tratada enquanto contraposição ao risco de

---

1 Sobre isso, ver FURTADO, C. *Subdesenvolvimento e estagnação na América Latina*. Rio de Janeiro: Civilização Brasileira, 1968; e SERRA, J.; TAVARES, M. C. "Além da estagnação". *In*: TAVARES, M. C. *Da substituição de importações ao capitalismo financeiro*. Rio de Janeiro: Zahar, 1977.

avanço possível da Revolução Cubana no continente americano, em plena Guerra Fria (1947-1991).

Duas décadas de autoritarismo depois, o país se defrontaria com a existência de dois projetos distintos de país: de um lado, o igualitário, que pretendia combinar o regime democrático com o reforço da soberania nacional assentado no crescimento econômico e na inclusão social; de outro, o associado à globalização neoliberal, desigualitário por natureza e sem comprometimento com a democracia, crescimento econômico e inclusão social.

Nessa perspectiva, os quarenta anos que se seguiram à crise da dívida externa no último governo da ditadura civil-militar (Governo Figueiredo, 1979-1985) acumularam duas décadas perdidas para a economia nacional (1980 e 2010). Não obstante, os avanços estabelecidos pela Constituição Federal de 1988, como a instalação do Estado de bem-estar social e a reversão da base material, deprimida pela desindustrialização e reprimarização exportadora, protagonizaram a transição antecipada para a sociedade de serviços.

A terciarização produtiva do sistema desmontou a estrutura de classes e frações sociais que fundamentava a antiga sociedade urbana e industrial. Nesse sentido, houve a constatação a respeito do curso da grande desistência histórica, estabelecida na virada para o século XXI pelas classes dominantes ao projeto de sociedade urbana e industrial instalado com a Revolução de 1930.

Em síntese, iniciou-se a aceitação, pelas elites atuais, da teoria do realismo periférico, que identificava o país como incapaz de exercer qualquer protagonismo no plano internacional, comprometido com a valorização da vantagem comparativa de produzir com mão de obra mais barata possível e exportar mercadorias assentadas no neoextrativismo ambiental.

Assim, a nova dependência externa brasileira se fortaleceu, sobretudo com o ingresso passivo e subordinado à globalização neoliberal nos anos 1990. Simultaneamente ao curso da destruição interna das condições objetivas da autoescolha de futuro, predominou a rotina da estagnação econômica e crescimento dos negócios nas múltiplas dimensões da vida humana.

O esvaziamento da autonomia nacional para o estabelecimento de um ciclo produtivo expansivo decorreria do fim da industrialização, considerada a coluna vertebral do desenvolvimento em qualquer nação, e da degradação geral dos mecanismos de financiamento a médio e longo prazo da economia e do sistema nacional de inovação tecnológica. De certa forma, a massificação no padrão de consumo urbano e industrial transcorreu simultaneamente tanto com a inclusão de parcelas da população na base da pirâmide social como com o deslocamento gradual da forma de vida dos endinheirados da produção nacional para a dependência crescente de importados.

Nesses termos, o país se reconectaria ao passado, conhecido por sua incapacidade de definir o futuro, dependendo, portanto, das decisões tomadas externamente. A produção e o emprego internos estariam condicionados por exportações de *commodities*. O Brasil poderia ser considerado um verdadeiro "país de sobremesa", conforme Oswald de Andrade costumava definir ao falar sobre a situação do país na Divisão Internacional do Trabalho no começo do século passado. Cem anos depois, a nação se reconheceria envelhecida, combinando o padrão de consumo elitizado no reduzido "andar de cima" com a fome e o maior custo de vida na base da pirâmide social.

Pelo movimento de redução dos custos internos, especialmente do trabalho, haveria possibilidade de a economia brasileira alçar novamente uma trajetória de crescimento sustentável? Para chegar à resposta almejada, caberia considerar previamente as premissas pelas quais o Brasil poderia capturar efeitos positivos da economia internacional, sobretudo dos Estados Unidos, permitindo atualizar a teoria furtadiana da estagnação econômica. O presente livro, aliás, pretende colaborar para a discussão do tema: em cinco partes distintas, porém articuladas entre si, será apresentada uma abordagem panorâmica a respeito da especificidade do Estado brasileiro na periferia do centro dinâmico do capitalismo mundial.

Apresentação

A recuperação da construção estatal no Brasil urbano e industrial permite descrever a convergência das relações do Estado com a sociedade e a economia, especialmente nos principais momentos da transformação nacional. A atenção localiza-se no período mais recente, constituído a partir da transição da ditadura civil-militar para a democracia ainda na década de 1980, quando o processo de industrialização foi interrompido para precocemente dar lugar ao inchamento dos serviços vinculados mais à renda das famílias ricas do que à dinâmica do setor produtivo.

Nesse contexto, o país acumulou duas décadas perdidas do ponto de vista econômico (1980 e 2020), com a perda do vigor econômico combinado à expansão da sociabilidade perversa que decorre da inflexão no projeto de sociedade salarial instalado desde a abolição da escravatura. Assim, por cem anos (1889-1989), o assalariamento, sobretudo do emprego formal, consolidou as bases das novas classes média e operária industrial.

Desde os anos 1990, contudo, o assalariamento perdeu força, especialmente o do emprego formal, fazendo com que a classe média assalariada e a operária industrial fossem substituídas pela classe média proprietária, difundida por micro e pequenos negócios, e pela classe trabalhadora, massificada pela viração imposta pela ideologia do empreendedorismo de si próprio (PJs, consultores, trabalhadores por conta própria, ambulantes, informais e ilegais generalizados). Com isso, o antecipado ingresso na sociedade de serviços tem sido acompanhado pelo descrédito das instituições de representação de interesses tradicionais da sociedade industrial, revelando os traumas próprios da grande desistência histórica das classes dirigentes do projeto de nação.

O avanço pretendido pela montagem do Estado de bem-estar social com a Constituição Federal de 1988 seguiu em condições singulares até a sua inflexão a partir da segunda metade da década de 2010. Do mesmo modo, o aprofundamento no grau de exploração do mundo do trabalho, cada vez mais desprotegido pelas reformas neoliberais regressivas do Estado e de suas políticas públicas de justiça, soberania e desenvolvimento, demarca a problemática de uma crescente massa sobrante da população exposta à ascensão desafiadora do novo sistema jagunço, que se prolifera pelo fanatismo religioso e pelo banditismo de grande escala no país.

Sob a destruição da sociedade urbana e industrial imposta pela regressão do receituário neoliberal, o capitalismo no Brasil vive a sua maior crise. O país se encontra diante do maior assalto ao Estado conduzido por uma irresponsável aventura econômica que aprofunda o grau de exploração da classe trabalhadora em múltiplas dimensões, agravado, sobretudo, pela pandemia da COVID-19.

Próxima de completar oito anos perseguindo o decrescimento econômico, cujo nível geral de atividade em 2021 corresponde a menos de 93% do registrado em 2014, a quebradeira empresarial é geral, com fuga de capital estrangeiro e de empresas multinacionais. Diante do fim das ilusões neoliberais em procurar gerir a decadência nacional, representantes da classe dirigente vieram a público na forma de "carta aberta à sociedade referente a medidas de combate à pandemia" em maio de 2021.

Da leitura das 2,7 mil palavras, percebe-se a afirmação encabulada do neoliberalismo, sem menção à mudança de rumo das políticas econômicas e sociais, defesa do Estado e de suas políticas públicas, como, por exemplo, o Sistema Único de Saúde. Pelo contrário: no âmbito da educação, por exemplo, apela-se para que as escolas sejam as últimas a fechar e as primeiras a reabrir no esquema de distanciamento social. Aos pobres e miseráveis, a insistência na política filantrópica de gestão dos sobrantes ao ritmo do capitalismo para poucos, consagrada no programa denominado por responsabilidade social, em coro com a lei de responsabilidade fiscal aprovada durante a primeira onda neoliberal conduzida pelos governos dos Fernandos (Collor, 1990-1992 e Cardoso, 1995-2002).

O conjunto das ausências na carta aberta à sociedade da elite atual revela a dificuldade de manter explicitamente o receituário neoliberal frente ao curso do inchamento da sociedade de serviços. Por isso, a carta nada menciona sobre a democracia, os interesses dos que dependem do próprio labor para sobreviver, a retirada de direitos sociais e trabalhistas, o desmonte da estrutura sindical e justiça do trabalho, bem como a destruição das políticas públicas com a vigência da lei do teto de gastos.

A decadência da classe dirigente atual parece ficar evidente quando comparada com o chamado "documento dos oito" empresários (Antônio Ermírio de Moraes, Cláudio Bardella, Jorge Gerdau, José Mindlin, Laerte Setubal Filho, Paulo Vellinho, Paulo Villares e Severo Gomes), lançado no ano de 1978 em pleno auge da sociedade urbana e industrial. Naquela oportunidade, os representantes da então classe dirigente mostraram coragem ao defender o retorno ao regime democrático acompanhado por uma reforma no financeiro, na política industrial de estímulo tecnológico, no conteúdo nacional e nas compras públicas, bem como do apoio às micro e pequenas empresas e da integração da agropecuária aos interesses do mercado interno.

Além disso, havia também a defesa da liberdade sindical e da negociação coletiva, simultaneamente ao fortalecimento da política social para o enfrentamento das carências gritantes na saúde, saneamento básico, educação, transporte coletivo e sustentabilidade ambiental. Era o espírito da elite da época contribuir democraticamente no debate conjunto com a sociedade brasileira, especialmente dos empresários e gestores públicos.

Em resumo, o Brasil detinha, quatro décadas atrás, uma classe dirigente que buscava mudar o país por meio do projeto de sociedade industrial, ao contrário da classe dirigente atual, em plena sociedade de serviços, que mais parece procurar mudar de país do que melhorá-lo.

A classe dirigente que resultou disso se apresenta apequenada, propagadora de uma consciência ingênua a respeito do momento grandioso em que o país demanda outra agenda nacional para resolver os problemas da nação. Haveria uma contraelite que se oporia à classe dirigente decadente no Brasil nos dias de hoje?

1
Estado e capitalismo no Brasil

Por sua posição periférica no desenvolvimento capitalista mundial, a relação do Estado no capitalismo brasileiro não se submete apenas aos determinantes de natureza interna. Ao partir da abordagem da determinação externa e interna da ação estatal no país, pretendeu-se considerar as principais alterações no funcionamento do Estado brasileiro em curso desde o *impeachment* da presidenta Dilma Rousseff, em 2016.

Em três décadas de vigência do ciclo político da Nova República (1985-2016), o país constituiu um padrão de políticas públicas distinto do estabelecido ao longo da ditadura civil-militar (1964-1985). Nesse sentido, constata-se que os condicionantes do padrão de políticas públicas predominantes nas três décadas da experiência democrática foram profundamente modificados a partir da ascensão do governo Temer (2016-2019).

Assim, o presente capítulo busca resgatar a noção de determinantes na relação do Estado com o capitalismo brasileiro. Uma vez tratado do padrão de políticas públicas do ciclo político da Nova República, considera-se o movimento em curso de sua inflexão no país.

Para que ocorra, a reflexão evolui do passado para o presente, buscando evitar dois equívocos metodológicos comuns nas abordagens desconectadas do entendimento do futuro enquanto processo histórico: (i) o inconformismo com a situação vigente, produtor de convicções súbitas e voluntaristas; e (ii) a acomodação com o estabelecido, geradora de expectativas aprimoradoras do já existente.[1]

Ao mesmo tempo, são negadas as perspectivas liberal, neoliberal e pós-moderna de análise da realidade. Por ser a-histórica, a concepção liberal narra a relação do Estado no capitalismo, artificial e estacionada no

---
1 Sobre isso, ver CASTRO, 1972.

tempo, enquanto a abordagem neoliberal concede tratamento mecânico incoerente, simplificado e disfuncional pela visão opositora entre "mais Estado e menos mercado", ou vice-versa. Da mesma forma fragmentadora da realidade, a contribuição pós-moderna abandona a perspectiva de classe e relacional do funcionamento do Estado no capitalismo.[2]

Pela natureza das formações sociais ambientadas na tradição autoritária e de transição capitalista tardia, como a brasileira, o processo de desenvolvimento constituiu-se assentado direta e indiretamente na atuação do Estado. Nesse sentido, antecipa-se que não serão abordados neste livro o complexo e extraordinário conjunto de organizações estatais concebido para executar as políticas públicas no país ao longo do tempo, bem como o montante das despesas, a diversidade do seu sistema de financiamento e o universo da população atendida, entre outros aspectos que constituem o perfil da intervenção do Estado.[3]

O que interessa considerar são as relações estabelecidas do Estado no desenvolvimento capitalista brasileiro, cujos limites de sua intervenção tendem a atender às exigências do acúmulo de capital.[4] Se durante o processo de industrialização nacional (1930-1989), por exemplo, o desenvolvimento capitalista transcorreu simultaneamente à própria constituição do Estado moderno no país, percebe-se que, mais recentemente, o aparelho estatal passou a sofrer uma reversão considerável de atuação simultaneamente ao processo recente de desindustrialização.

Para além dos compromissos do Estado com o desenvolvimento das forças produtivas e divisão técnica do trabalho, assentam-se as condições pelas quais a politização da dominação capitalista abrange a esfera estatal em resposta aos conflitos sociais pela regulação pública do mínimo da existência humana e da participação cidadã. Assim, pela expansão capitalista, o Estado se transforma concomitantemente com o avanço e a diferenciação das classes sociais e suas frações em

---

2 Para a crítica das visões liberal, neoliberal e pós-moderna, ver ANDERSON, 1995; EAGLETON, 1998; POLANYI, 2000; e UNGER, 2001.
3 Mais detalhes em: SILVA, 1986.
4 Referências em: FERNANDES, 1975; MELLO, 1977; e DRAIBE, 1985.

disputa pelo controle do aparelho estatal e de atuação na economia e sociedade nacionais.

Em função disso, a identificação de possíveis determinantes da relação do Estado no capitalismo brasileiro permite melhor analisar a dinâmica das políticas públicas, especialmente nas circunstâncias atuais de longa estagnação econômica travestida em instabilidade política no interior do Estado, que arbitra riscos, ônus e bônus decorrentes da transformação capitalista sobre as diferentes classes e estratos sociais.

A partir do conteúdo discorrido até este momento, este ensaio divide-se em duas partes principais. A primeira é voltada ao desenvolvimento teórico da noção de determinantes na relação do Estado no capitalismo brasileiro, enquanto a segunda aponta o movimento atual de inflexão no padrão de políticas públicas conformado no ciclo político da Nova República.

1.1 Determinantes na relação do Estado no capitalismo brasileiro

A transição da sociedade agrária escravista no último quartel do século XIX introduziu as bases materiais do Estado capitalista no Brasil, embora tenha sido somente a partir dos acontecimentos da década de 1930 que se constituiu moderno em conjunto com as particularidades da revolução burguesa, desencadeadora do projeto de industrialização nacional. Sem passado feudal, conforme a experiência europeia, a constituição do Estado capitalista no Brasil perseguiu o caminho liberal tradicional com a centralização das funções de justiça, a coletoria de tributos e a defesa territorial.

Contudo, a trajetória de longo prazo da relação do Estado no capitalismo brasileiro encontra-se permeada de singularidades quando comparada a dos países do centro dinâmico mundial. Enquanto nação periférica e de longeva sociedade agrária, cuja industrialização tardia tendeu a se limitar a pouco mais de meio século de existência frente a transição recente para os serviços e à nova dependência do comércio externo de produtos primários, cabe identificar os determinantes da dinâmica nas políticas públicas no país.

Será abordada, na seção a seguir, a questão da determinação da relação do Estado no capitalismo brasileiro. Para isso, dois principais determinantes da atuação do Estado serão considerados: os de natureza externa e os de natureza interna à dinâmica de acumulação de capital e suas demais consequências à economia e sociedade nacionais.

1.1.1 Determinantes externos

Ao longo do tempo, o Estado tem funcionado, em geral, de forma compatível com as exigências da dinâmica capitalista que se apresenta como sistema de dimensão global, cuja existência de um centro dinâmico torna-se fundamental para combinar – ainda que desigualmente – o heterogêneo conjunto periférico de territórios que o circunda. Para o centro ser considerado dinâmico, faz-se necessário o cumprimento de três requisitos básicos: (i) ter uma moeda enquanto unidade de conta, reserva de valor e meio de troca internacional; (ii) ter um poder militar capaz de impor, pela força, o que a diplomacia não consegue pelo diálogo; e (iii) ter a capacidade de produzir e difundir o progresso técnico como motor da competição intercapitalista.

Acontece que, por conta disso, as revoluções industriais e tecnológicas se destacam, pois estabelecem não apenas a estrutura da competição intercapitalista como, também, a imposição de novos elementos de mudança no centro dinâmico capitalista. É dessa forma que a relação do Estado no capitalismo atenderia aos propósitos de ordem externa ou de dimensão global. São, em síntese, as determinações na forma de atuação do Estado que servem tanto às exigências da estrutura de competição intercapitalista como ao formato da dominação exposta pelo centro dinâmico capitalista à periferia global.

Durante o predomínio da livre concorrência capitalista no século XIX, por exemplo, a atuação do Estado era mínima diante da dinâmica de acumulação do capital autorregulada e estabelecedora, por si mesma, da equalização da taxa de lucro. Cabia fundamentalmente à organização política do Estado Gendarme no liberalismo o exercício do monopólio da violência (controle da ordem policial), da moeda e da tributação.[5]

Com o abandono do capitalismo de livre competição, os limites do Estado mínimo tornaram-se evidentes. A partir do início do século passado, com a expansão da estrutura oligopolista das grandes empresas na produção e a distribuição de bens e serviços, a concorrência intercapitalista terminou sendo incorporada à esfera estatal.

As crises recorrentes que levaram à Grande Depressão de 1929 produziram a politização da economia enquanto medida equalizadora da taxa de lucro no interior da competição intercapitalista. Distante da incapacidade de se autorregular, como imaginado pela estrutura da livre competição, a crise tenderia a se reproduzir continuamente pela destruição do velho capital sem engendrar uma nova fase expansiva associada à tendência concentradora e centralizadora dos novos capitais.

A superação do Estado mínimo pelas exigências da nova estrutura oligopolista de competição intercapitalista moldou outro padrão de intervenção estatal, não apenas compatível com a dinâmica da acumulação capitalista, mas também associada à regulação amortecedora dos conflitos sociais inerentes à luta das classes e estratos sociais.[6]

Nessas circunstâncias, surge a possibilidade do estabelecimento inédito de políticas públicas de abrangência nacional para além do Estado Gendarme liberal. Isso porque, até o começo do século XX, o registro de políticas nacionais em várias áreas, como na economia, trabalho, educação, saúde, entre outras, era praticamente desconhecido pelo domínio do Estado mínimo.

A vigência de uma primeira onda de globalização capitalista iniciada no século XIX e prolongada até a primeira Guerra Mundial (1914--1918) tinha a predominância da Ordem liberal hegemonizada pela Inglaterra, que se ancorava no padrão monetário do ouro-libra, na plena liberdade comercial e nos fluxos de capitais e de mão de obra. Com a

---

5   Mais detalhes em: ABRANCHES, 1979; e MILIBAND, 1979.
6   Sobre isso, ver mais em: TITMUSS, 1963; MARSHALL, 1967; RIMLINGER, 1971; e GOUGH, 1979.

economia operando sem fronteiras e submetida à dinâmica do imperialismo, ao final do século XIX as políticas nacionais se apresentavam frágeis no âmbito do Estado mínimo, quando não submetidas à lógica de dominância das altas finanças da época.[7]

Pela emergência da Segunda Revolução Industrial e Tecnológica, acompanhada do esgotamento do capitalismo de livre competição, o domínio inglês entrou em decadência, cedendo à Grande Depressão de 1929 e às duas grandes Guerras Mundiais (1914-1918 e 1939-1945), que terminaram por consolidar a nova hegemonia estadunidense mundial após a derrota militar da Alemanha. Com isso, os acordos do final da segunda Guerra Mundial, como os de *Bretton Woods*, realizados na área econômica, possibilitaram a generalização das políticas de desenvolvimento nacional, mesmo que acirradas pelo contexto externo da Guerra Fria (1947-1991).

O deslocamento geográfico do núcleo dinâmico mundial da antiga Europa para o continente americano impôs um novo reordenamento na relação do centro capitalista com o conjunto da periferia. Com a interrupção da primeira onda de globalização, estendida no período da primeira Guerra Mundial (década de 1910) até a Guerra do Irã e Iraque (década de 1970), os antigos impérios deram lugar ao movimento da descolonização, que terminou difundindo uma grande quantidade de novos países portadores das políticas públicas de caráter nacional.

Foi nesse contexto de ampliação do novo centro dinâmico mundial permeado pela estrutura oligopolista de competição intercapitalista que a relação do Estado se modificou substancialmente. Assim, as políticas nacionais em diversas áreas ganharam efetividade e eficácia, superando o antigo Estado mínimo por distintas variações de Estado de bem-estar social em sua tarefa de politização da economia e sociedade.

Entretanto, a partir do final da década de 1970, com o esgotamento do ciclo expansivo da Segunda Revolução Industrial e Tecnológica e da estrutura de competição intercapitalista herdada do final do século XIX,

---

[7] A literatura especializada pode ser encontrada em: SCHUMPETER, 1961; BROWN, 1978; MAGDOFF, 1978; LENIN, 1979; HOBSON, 1981; BUKHARIN, 1984; HILFERDING, 1985; e HOBSBAWN, 1989.

a hegemonia dos Estados Unidos passou a registrar contradições importantes. O abandono dos acordos do segundo pós-guerra, que mantinham vigente o padrão monetário ouro-dólar e a estabilidade na taxa de juros e de câmbio, levou à desregulação da competição capitalista e, por consequência, à transformação do Estado e suas políticas públicas nacionais.

Com isso, uma nova fronteira de expansão capitalista se abriu na Ásia, que desde a década de 1950 assistia ao deslocamento de parte crescente da produção de manufatura do Ocidente para o Oriente. A desconstituição da Guerra Fria, a promoção da estratégia militar cibernética pelos Estados Unidos e o esgotamento das experiências de socialismo real permitiram o realinhamento hegemônico estadunidense amparado na difusão do receituário desregulatório neoliberal nas fronteiras nacionais para o avanço do grande capital pelas corporações transnacionais.

Mas isso transcorreu eivado de contradições, como uma nova ameaça à hegemonia estadunidense decorrente do processo de desindustrialização e financeirização da riqueza em meio à acelerada monopolização do grande capital portador de cadeias globais de valor, centrada, cada vez mais, na China. O reaparecimento do protecionismo e nacionalismo, acompanhado pelo retorno do investimento crescente em armamento militar, pode expressar uma possível transição no interior do centro dinâmico capitalista mundial, seja pelo reaparecimento do protecionismo e nacionalismo, seja pelo retorno do investimento crescente em armamento militar.[8]

Diante do avanço de uma segunda onda de globalização capitalista irradiadora de nova e profunda Revolução Industrial e Tecnológica, o padrão de regulação estatal vigente até então foi afetado de forma considerável. Consequentemente, a estrutura oligopolista de competição capitalista, regulada anteriormente pelos Estados nacionais, terminou dando lugar ao comando de cerca de quinhentas grandes corporações transnacionais que passaram a monopolizar o sistema gerador de valor operado

---

8   Mais detalhes em: ALTVATER, 1995; CHESNAY, 1996; COATES, 2000; HARDT; NEGRI, 2000; HUDSON, 2003; WOOD, 2003; BOLTANSKI; CHIAPELLO, 2009; GLATTFELDER, 2013; e MILBERG; WINKLER, 2013.

fragmentadamente em não mais do que trezentos espaços territoriais do planeta. Isso não apenas impacta decididamente a dinâmica do centro global, como altera as relações internas no conjunto da periferia capitalista.

O processo de monopolização da produção e distribuição da riqueza alcançou a escala global, tendo a grande corporação transnacional cada vez mais poder econômico do que os tradicionais Estados nacionais, poder esse tão grande que somente nove países, por exemplo, possuem orçamento público superior ao faturamento dos grandes monopólios privados no mundo. Por força da segunda onda de globalização capitalista, as políticas nacionais de qualquer natureza têm sido questionadas pelo receituário neoliberal desde o último quarto do século passado.

A mudança no papel do Estado acompanha, por decorrência, a pressão de organismos internacionais e dos interesses das grandes corporações transnacionais no interior das decisões nacionais. Nos dias de hoje, a crise do capitalismo global iniciada em 2008 tem revelado o acirramento da concorrência intercapitalista entre as grandes corporações transnacionais que operaram com taxas de inversão deprimidas, porém articuladas à valorização da órbita financeira.

A dinâmica global da concorrência monopolizada frente à ausência de autorregulação e à insuficiência da regulação pública no âmbito dos Estados nacionais aponta para a nova condição de estagnação secular. Enquanto a órbita financeira dificulta a desvalorização das velhas formas de capital, as novas formas capitalistas são barradas no interior da estrutura monopolista de competição dominada pelas grandes corporações transnacionais.

1.1.2 Determinantes internos

Para além das determinações de ordem externa do capital em relação ao Estado, cabe mencionar também aquelas de natureza interna à organização e desenvolvimento estatal no capitalismo brasileiro. A começar pelo fato de o país jamais ter reunido os requisitos de centro dinâmico mundial, submetido continuamente à condição de periferia no capitalismo mundial.

Apesar disso, quando não se imaginava solução próxima disponível, o Brasil soube construir uma convergência política interna capaz de apontar uma nova direção para o desenvolvimento nacional frente à crise de centralidade externa concedida pela Inglaterra até os anos 1910 e pelos Estados Unidos no segundo pós-guerra mundial. Enquanto prevaleceu a primeira onda de globalização capitalista, cuja centralidade dos impérios dominava as relações internacionais, o Brasil obteve a sua independência nacional, constituiu o Estado mínimo da era liberal e transitou do velho agrarismo escravista para o capitalismo.

Entre 1822 e 1930, por exemplo, a presença das políticas públicas nacionais foi residual, salvo, em geral, no exercício do monopólio da moeda, da violência armada e da arrecadação tributária. Pela construção do Estado gendarme, o país estabeleceu minimamente sua força armada, elevou a soberania com a ampliação das fronteiras territoriais e organizou o sistema produtivo conectado com a primeira onda de globalização enquanto produtor e exportador de produtos primários.

A centralização administrativa colocada em movimento durante a monarquia (1822-1889) sofreu um importante abalo com o movimento maior da descentralização desencadeada pela política dos governadores instaurada logo após o nascimento da República Velha (1889-1930). Nesse sentido, a transição da antiga e longeva economia escravista para o capitalismo no Brasil transcorreu sob a hegemonia inglesa em meio ao aprofundamento da Segunda Revolução Industrial e Tecnológica, parteira da grande empresa oligopolista.

A ação do Estado pelo liberalismo era reconhecida como estranha e perturbadora à livre competição capitalista. Mesmo assim, em distintas oportunidades, o Estado mínimo terminou ampliando sua atuação na economia e sociedade por determinação da dinâmica interna de acumulação capitalista no Brasil.

Para além da expansão nas despesas públicas em relação ao produto, as funções estatais foram se diversificando no domínio do Estado mínimo, sobretudo pelo movimento de decadência inglesa nos estertores da primeira onda de globalização capitalista.⁹ A contribuição estatal, em geral, atendeu aos requisitos da dinâmica interna de acumulação assentada no ciclo do café, seja na adoção de uma política cambial favorável, na validação de empréstimos externos aos cafeicultores ou no subsídio financeiro à importação de mão de obra, entre outros.

Coincidindo com a grande Depressão de 1929, a crise na economia agrária primário-exportadora encontra solução a partir do projeto desenvolvimentista de industrialização e urbanização nacional. Para atender à determinação de ordem interna, a relação do Estado no capitalismo brasileiro modificou-se profundamente, especialmente a partir da Revolução de 1930.

A interrupção da primeira onda de globalização capitalista e a realização de acordos internacionais favoráveis ao desenvolvimento capitalista no final da Segunda Guerra Mundial se mostraram positivas à difusão de países e de políticas nacionais em diversas áreas. No Brasil, contudo, o avanço do projeto de industrialização e urbanização nacional não teve apoio dos Estados Unidos enquanto centro dinâmico mundial.

Em plena Guerra Fria, a Europa contou com o Plano Marshall de ajuda financeira, ao passo que alguns países da Ásia (como Japão, Coreia do Sul, Taiwan e Hong Kong) também foram beneficiados pelos Estados Unidos. O mesmo não se constatou na América Latina e Caribe por parte dos norte-americanos.

Em resposta a isso, o Brasil soube jogar estrategicamente na disputa de hegemonia no interior do centro dinâmico do capitalismo entre os Estados Unidos e a Alemanha para obter vantagens ao avanço de sua industrialização. Também na segunda metade da década de 1950, quando as grandes firmas europeias buscavam responder à internacionalização das empresas estadunidenses, o país coordenou, com o capital privado nacional e suas empresas estatais, a internalização de um bloco de investimentos estrangeiros capazes de completar a industrialização nacional.¹⁰

---

9 Sobre isso, ver mais em: SILVA, 1974; VILLELA; SUZIGAN, 1975; BAER *et al.*, 1976; e SUZIGAN, 1976.
10 Ver literatura especializada em: MELLO, 1982; CANO, 1985; TAVARES, 1986; e GUIMARÃES, 1999.

A existência de uma maioria política interna permitiu recolocar o Estado em novas bases para apoiar a industrialização nacional, ainda que sob o sacrifício do desenvolvimento social. Contribuíram para isso as alianças políticas de caráter conservador e autoritário, que impossibilitaram a realização das reformas clássicas do capitalismo contemporâneo (agrária, tributária e social), geradoras de anomalias como o exacerbado poder dos latifundiários, a iníqua arrecadação do fundo público e a seletividade das políticas públicas para determinados segmentos sociais e setores econômicos privilegiados.

Se, de um lado, a constituição do Estado após 1930 foi fundamental para a consolidação da nova dinâmica de acumulação a partir da industrialização no Brasil, de outro, o avanço capitalista se deu de forma selvagem. Ou seja, a modernização capitalista se fez conservadora, pois estava assentada no atraso social responsável pela generalizada exclusão no interior da sociedade.[11]

Em mais de meio século de industrialização nacional registrado entre as décadas de 1930 e de 1980, o Estado foi conduzido pela maior presença do regime autoritário. Com isso, os interesses dos "de baixo" foram secundarizados frente ao favorecimento das classes rica e média pelo Estado por meio dos monopólios sociais que seletivamente privilegiaram segmentos e setores no interior da economia e sociedade brasileiras.[12]

Quando a industrialização se completou e os limites da ditadura militar (1964-1985) permitiram a retomada da redemocratização no país, a crise da dívida externa se instaurou como consequência das políticas de ajuste neoliberal adotadas pelos Estados Unidos em estímulo à segunda onda de globalização capitalista. Ainda que o Brasil tenha se integrado somente a partir dos anos de 1990 na onda globalizante, os seus impactos sobre a desindustrialização foram significativos, capazes de comprometer o crescimento econômico e submeter a dinâmica da acumulação de capital à lógica da financeirização da riqueza.

---

11 Ver mais em: MARTINS, 1977; BOSCHI; CERQUEIRA, 1978; SANTOS, 1979; BRAGA; GOÉS DE PAULA, 1981; HENRIQUES, 1999; e POCHMANN, 2016.
12 Mais detalhes em: LANNI, 1977; MARTINS, 1977; PEREIRA, 1977; DINIZ, 1978; ABRANCHES, 1979; NUNES, 1997; e CARVALHO, 2008.

Com isso, a transformação do Estado em pleno regime democrático se mostrou ainda mais substancial, tendo que atender tanto à pressão das altas finanças como aos compromissos de bem-estar por parte da população.[13] Diante da reestruturação capitalista em curso com a globalização conduzida pelas grandes corporações transnacionais e sob a crescente dominância financeira, a capacidade de o Estado promover políticas públicas de caráter universal evidenciou seus limites políticos e econômicos de ordem interna.

Diante disso, a experiência democrática constituída pelo ciclo político da Nova República permitiu, por meio da Constituição Federal de 1988, implementar um inédito padrão de políticas públicas convergente com o Estado de bem-estar social constatado nos países de capitalismo avançado. Mas isso, por si só, não se mostrou suficiente para sustentar o regime democrático frente à formação social tradicional em bases conservadoras e autoritárias.

Desde a implementação do *impeachment* da presidenta Dilma Rousseff, em 2016, emergem sinais importantes de inflexão no conjunto de políticas públicas, instaurado pelo ciclo político da Nova República. A sucessão de reformas impostas desde então, em meio a mais grave recessão econômica dos últimos cem anos, altera tanto a relação do Estado no capitalismo brasileiro, contemplando o reposicionamento do país junto ao centro dinâmico capitalista mundial, como a atuação de uma nova maioria política interna mais favorável aos interesses dominantes, conforme apresentado a seguir.

1.2 Inflexão atual no padrão de políticas públicas da Nova República

A partir do entendimento acerca das determinações externas e internas na relação do Estado no capitalismo brasileiro, busca-se perscrutar as razões que apontam para o movimento maior de inflexão atual

---

13 Sobre isso, ver: DRAIBE, 1998; DAIN, 2001; SALLUM, 2003; FAGNANI, 2005; GENTIL, 2006; FERREIRA, 2007; e CASTRO, 2008.

no padrão de políticas públicas constituído no ciclo político da Nova República. Para tanto, consideram-se as situações tanto externa ao país, que decorre da opção de se alinhar passiva e subordinadamente à segunda onda de globalização capitalista, como interna, que emerge da transição precarizada para uma sociedade de serviços em pleno avanço da desindustrialização e reprimarização das exportações.

Entre os anos de 1985 e 2016, por exemplo, o conjunto dos seis presidentes que sucederam a ditadura militar apresentou como importante elemento de sustentação política do regime democrático o predomínio da coalização de classes e estratos sociais que, em maior ou menor medida, mostrou-se incapaz de realizar reformas substanciais na economia e na sociedade.[14] Não obstante as importantes diferenças entre si, os governos se pautaram na legitimidade democrática e no cumprimento da Constituição Federal de 1988, que representou um marco inédito na história do país e moldou um padrão de políticas públicas ao longo do ciclo político da Nova República.

A ascensão do governo Temer a partir de 2016 tem representado, todavia, a compressão da alargada coalizão de classes sociais por meio de um conjunto de reformas institucionais – derrotadas sistematicamente nas quatro últimas eleições presidenciais – que desconstituem o padrão de políticas públicas conformado desde a transição da ditadura militar. As mudanças na Constituição Federal de 1988 parecem responder direta e indiretamente a determinantes que condicionam a relação do Estado democrático no capitalismo brasileiro desde a instalação da Nova República, em 1985.

Nessa perspectiva que se procura destacar a seguir, serão discutidas três condicionalidades principais que caracterizaram o ciclo político da Nova República e que foram interrompidas, em pouco tempo, pelo recente

---

14 Adota-se o conceito de ciclo político da Nova República, em vez de Sexta República Brasileira, para os governos de seis presidentes: José Sarney (1985-1990); Fernando Collor de Mello (1990-1992); Itamar Franco (1992-1994); Fernando Henrique Cardoso (1995-2002); Luiz Inácio "Lula" da Silva (2003-2010); e Dilma Rousseff (2011-2016). O governo Temer, desde 2016, por sua natureza de questionável democracia, encontra-se excluído do conceito de ciclo político da Nova República aqui adotado.

governo Temer. Dessa forma, o capitalismo brasileiro reposiciona a sua dinâmica de acumulação e impõe, por consequência, uma trajetória de atuação do Estado mais comprometido com a seleta e já privilegiada parcela da população enriquecida nacional e internacionalmente.

1.2.1 Realinhamento com o velho centro dinâmico global e comprometimento da soberania nacional

Na instalação do Mercosul, ainda na segunda metade da década de 1980, quando Brasil e Argentina colocaram fim à polarização instalada há longa data, a relação brasileira com os Estados Unidos passou a sofrer importantes modificações. Embora não tenham sido contínuas, inclusive com inflexões significativas nos governos de Collor de Mello e Fernando H. Cardoso, constatam-se alterações mais substanciais no período mais recente diante da maior reafirmação da soberania nacional.

A política externa conduzida nos anos 2000 indicou, por exemplo, o reposicionamento do Brasil em base menos passiva e subordinada ao antigo centro dinâmico do capitalismo global representado pelos Estados Unidos. Assim, a centralidade nas relações Sul-Sul, a promoção da Unasul e demais articulações sul-americanas e constitutivas dos BRICS, a política de conteúdo nacional e o apoio à internacionalização da grande empresa brasileira, o novo sistema de defesa fora da esfera estadunidense, entre outros aspectos, se mostraram decisivos ao enfrentamento da segunda onda de globalização capitalista.[15]

Contudo, isso não contou – como era de se esperar – com o apoio estadunidense. De certa forma, e guardada a proporção devida, o Brasil reconectava-se com experiências de crise no interior do centro dinâmico do capitalismo global, como verificado nas décadas de 1880 (Inglaterra) e de 1930 (Estados Unidos), para trilhar um caminho próprio nesse início do século XXI.

Os acontecimentos políticos de 2016 alteraram a correlação de forças internas, bem como descortinaram outro horizonte de submissão

---
15 Mais detalhes em: GARCIA, 2010; FIORI, 2013; GARCIA, 2013; e AMORIM, 2016.

externa, convergente com a posição dos Estados Unidos. A inflexão na política externa anterior parece levar ao realinhamento do país com a atual onda de globalização capitalista comprometedora da soberania nacional. Nessa reaproximação com os Estados Unidos e com os BRICS, o Mercosul tende a fenecer, bem como as articulações políticas sul-americanas. Em seu lugar, emerge a defesa mercantilista dos acordos de livre comércio em marcha com a reprimarização da pauta de exportações e secundarização da manufatura.

Na mesma toada, tanto as políticas de defesa nacional como as de promoção da internacionalização da grande indústria brasileira, com apoio do BNDES, tenderam a ser abandonadas. Acompanha, em certo sentido, o movimento patrocinado pela Operação Lava Jato, que gerou um enorme prejuízo às corporações nacionais internacionalizadas, como a construção civil, as áreas de petróleo e gás, a indústria naval, entre outras.

Além da privatização impulsionada pelo que ainda resta do parque produtivo nacional, incorpora-se também a liberalização do comércio de terras aos estrangeiros. Com isso, inclusive as atividades econômicas exitosas como o agronegócio em terras tropicais têm sido expostas ao capital monopolista das grandes corporações transnacionais em meio ao noticiário de investigações da Polícia Federal.

No trajeto das cadeias globais de valor, as possibilidades de defesa dos interesses e da soberania nacional desde a ascensão do atual governo limitaram-se bastante, salvo aqueles passíveis de incorporação no interior da segunda onda de globalização capitalista. Nesse sentido, o curso de primazia do que há de recursos naturais disponíveis e de promoção da exportação dos produtos primários, acrescido do esforço interno para tornar o fundo público sustentáculo de longo ciclo dos lucros da financeirização da riqueza, tende a ganhar maior impulso.

Tudo isso, é claro, mantida a atual inflexão no padrão de políticas públicas constituídas pelo ciclo da Nova República sem alteração nos anos seguintes. A reação política e social, contudo, pode suavizar o seu curso, senão interromper e oferecer, ainda, alternativas distintas.

1.2.2 Reorganização da maioria política para as reformas neoliberais e a asfixia da federação

A maioria política que se organizou em torno da superação do longo ciclo de superinflação brasileiro (1978-1994) se mostrou suficiente para garantir a implantação do Plano Real, porém, seus condicionantes, levados a cabo pelo receituário neoliberal, inviabilizaram a retomada do crescimento econômico com a inclusão social no Brasil. O pedágio cobrado pelo centro dinâmico global para o ingresso subordinado à segunda onda de globalização capitalista desde os anos 1980 foi estabelecido pelo Consenso de Washington (1989) na forma de recomendação internacional a ser adotada nas políticas econômicas e sociais nacionais, conforme observado na década de 1990 no país.

O resultado disso foi a maior internacionalização do parque produtivo nacional, com a privatização do setor público e a desindustrialização. O agravamento econômico e social foi percebido pela população diante da ausência do crescimento da produção, da elevação do desemprego e da exclusão social, mesmo com a estabilidade monetária alcançada.

Os equívocos na condução da política econômica e social neoliberal tornaram o acesso aos fluxos financeiros dependentes da alta taxa real de juros interna, o que levou à valorização constante da taxa de câmbio e, consequentemente, ao estímulo das importações e do enfraquecimento das exportações dos produtos de maior valor agregado. Nessas condições, as reformas neoliberais perderam fôlego, o que levou a um esvaziamento da maioria política constituída para a sua sustentação no Brasil.

Diferentemente do ocorrido no país, que aceitou passivamente o programa liberal na década de 1990, outras nações utilizaram-se da onda globalizante – que não significou a uniformização do mundo – para fazer valer soberanamente o conjunto dos seus interesses nacionais. Um exemplo disso transcorreu na Ásia, especialmente na China, cuja defesa da política nacional permitiu fazer reformas liberalizantes que possibilitaram avançar a industrialização e modernizar a economia e a sociedade.

De certa forma, a experiência dos governos nos anos 2000 buscou, mesmo sem negar a existência da segunda onda de globalização capitalista, a condução própria de políticas econômicas e sociais nacionais. A reunião de uma base social heterogênea, constituída fundamentalmente por estratos da sociedade perdedores do neoliberalismo da década de 1990, teria sido suficiente para o estabelecimento de políticas sociais inclusivas e de um crescimento econômico sustentável.

Enquanto o país conseguiu aproveitar os ventos favoráveis da globalização, a maioria política negou o retorno do programa neoliberal.[16] Com isso, os governos liderados pelo PT consagraram quatro vitórias eleitorais sucessivas, não obstante a oposição neoliberal minoritária e fragmentadamente articulada em torno de alianças políticas internas e externas.

Desde a grande crise iniciada em 2008, a globalização capitalista tem emitido sinais de mudanças importantes em relação à trajetória observada desde a década de 1980. De um lado, e apesar da baixa do dinamismo econômico do conjunto dos países, o comércio externo se expandiu a taxas inferiores ao PIB mundial (estimativa de 1,7% de crescimento do comércio mundial, ante 3,1% de expansão do PIB em 2016) e a internacionalização das finanças recuou (de 20,6% do PIB mundial, em 2007, para 2,6%, em 2015), ao passo que a presença de importados na produção de vários países decaiu (de 71% para 65%, na China, e de 44% para 38%, nos EUA, entre 2007 e 2015).[17]

Por outro lado, tem-se o apoio crescente em diversos países, sobretudo no centro dinâmico global, ao retorno das políticas protecionistas e de expansão dos gastos militares. O enfraquecimento da União Europeia, evidenciado tanto pela vitória do Brexit inglês como pela ascensão de forças nacionalistas, soma-se à vitória de Trump nos Estados Unidos com o programa econômico e militar distinto do aplicado até então pelos republicanos (Reagan, Bush pai e filho) e democratas (Clinton e Obama).

Nesse contexto, mesmo que talvez tardiamente, o governo Temer conseguiu se tornar rapidamente a expressão de uma maioria capaz de organizar o retorno ao receituário neoliberal. Assim, a barreira ao avanço da

---

16   Ver mais em: BARBOSA; SOUZA, 2010; MATTOSO, 2013; e BELLUZZO, 2016.
17   Ver mais em *Alternatives Economiques*, 2017.

desregulação generalizada, constituída a partir de 2003, se desmanchou rapidamente, permitindo retomar as reformas neoliberais destituidoras de direito sociais e trabalhistas e privatizadoras do Estado.

Um exemplo disso tem sido, também, a maior asfixia da federação provocada pela proposição do acerto da dívida de estados e municípios que projeta a subordinação dos entes subnacionais à lógica da privatização e à destruição de instituições capazes de conceder alguma autonomia, bem como os mecanismos de apoio ao desenvolvimento regional e local. Na década de 1990, por exemplo, a adoção do programa neoliberal de ajustamento dos estados e municípios levou tanto à privatização do patrimônio público da federação em todas as regiões como à captura, pelo governo federal, de 277 bilhões de reais do orçamento dos entes federados, tendo a dívida pública crescido de R$111 bilhões para R$476 bilhões entre 1997 e 2016.[18]

1.2.3 Redefinição do fundo público para financeirização da riqueza e do distanciamento do projeto de sociedade includente

O baixo dinamismo econômico prevaleceu durante o ciclo político da Nova República, marcado pelo processo de desindustrialização nacional. No período de 1985 a 2015, por exemplo, a economia nacional teve uma taxa de crescimento de média anual de apenas 2,9%, ao passo que no período da industrialização verificado entre as décadas de 1930 e 1970 o Produto Interno Bruto registrou uma variação média anual de 6,5%.

Diante disso, a participação do Brasil no produto mundial, que era de 4% em 1985, decresceu para 2,9% em 2015. Mesmo com o menor dinamismo econômico, a carga tributária bruta do Estado brasileiro subiu de 24,1% para 32,7% no mesmo período de tempo, o que representou um aumento acumulado de 35,7%, ou de 1% como média anual.[19]

---

[18] Sobre a descentralização e política federal contida, ver: LOPREATO, 2002; ARRETCHE, 2004; e NOBRE, 2013.

[19] A ampliação do fundo público, contudo, não se deu mais acelerada do que a verificada no período da industrialização. Entre 1930 e 1985, por exemplo, a carga tributária bruta passou de 8,4% para 24,1% do PIB brasileiro, o que equivale à elevação acumulada de 186,9%, ou de 1,9% como média anual.

Acontece que a carga tributária terminou crescendo mais para os segmentos de renda intermediários da população, como a classe média assalariada e os trabalhadores urbanos. O aumento foi de 69% para as pessoas com rendimento mensal de um a dois salários mínimos e de 63% para aquelas com rendimento entre dois e cinco salários mínimos mensais. Para os segmentos com renda mensal de quinze a vinte salários mínimos, o aumento foi de 40,3%, e para aqueles com renda superior a trinta salários mínimos, foi de 44%, ambos ocorridos entre as décadas de 1970 e de 2000.[20]

Além da maior carga tributária para os estratos sociais de base e intermédio da população, a distribuição dos recursos arrecadados pelo Estado durante o ciclo político da Nova República atendeu a dois segmentos principais. O primeiro foi o segmento representado pelo topo da pirâmide distributiva, receptor de transferências orçamentárias por meio de ganhos no mercado financeiro, que se beneficiou da elevação das despesas com a administração da dívida pública equivalente a 1,8% do PIB anual durante o final da ditadura militar para cerca de 8% do PIB anual vigente entre as décadas de 1990 e 2000.

O segundo é representado pela base da pirâmide social, beneficiada pelas políticas de universalização do acesso à educação fundamental e à saúde pública, bem como aos demais programas de transferência de renda. Entre 1985 e 2014, por exemplo, o gasto social no país saltou de 13,5% para 22,5% do PIB, fruto do processo de inclusão social, sobretudo dos segmentos mais vulneráveis da população, como verificado nos anos 2000.[21]

---

20 O segmento com renda de até um salário mínimo de rendimento mensal representou 50,2% dos brasileiros em 2015, sendo 26,4% aqueles com rendimento de um a dois salários mínimos mensais e 11% aqueles com rendimento de dois a cinco salários mínimos mensais. O estrato da população com mais de dez salários mínimos mensais equivaleu a 1,9% dos brasileiros, segundo a Pnad do IBGE.
21 Entre 1985 e 2015, por exemplo, concomitantemente à elevação da renda *per capita* de 5,7 mil para 15,1 mil dólares e a queda da inflação de 242% anuais para 7% e do peso da dívida externa em relação ao PIB de 50% para 24%, diminuiu também a taxa de pobreza (de 42% para 15% da população) e a desigualdade na renda do trabalho medida pelo índice de Gini (de 0,9 para 0,53). Enquanto na educação subiu a presença das crianças na

Com essa divisão no conjunto das despesas públicas durante o ciclo da Nova República, os trabalhadores organizados e a classe média assalariada terminaram sendo relativamente menos beneficiados. Além disso, esses estratos sociais foram mais penalizados pelo avanço da desindustrialização, que destrói consideravelmente os empregos no setor de manufatura de maior qualificação e rendimento.[22]

Diante da crescente dificuldade na elevação da carga tributária em plena vigência de baixo dinamismo econômico, sobretudo na recessão iniciada em 2015, salvo no caso dos mais abastados, a pressão sobre a despesa pública aumentou consideravelmente. Em função disso, a opção pela redução das despesas públicas não financeiras (primárias) se fortaleceu, mesmo que direcionada à base da pirâmide social, passando a permitir um novo espaço fiscal para a disponibilização de um montante seguro de recursos governamentais ao atendimento dos gastos financeiros, geralmente direcionados ao "topo" da sociedade.

Nesse contexto, as reformas em curso buscam oferecer condições para que nos próximos vinte anos a dinâmica da acumulação de capital seja sustentada, em grande medida, pelas transferências do Estado brasileiro às despesas financeiras. Isso pode se tornar possível, mesmo no ambiente de baixo dinamismo econômico, graças ao corte dos gastos públicos não financeiros, especialmente no custeio pessoal, social e nos investimentos públicos, e graças à ampliação das receitas com a privatização e concessões no interior do Estado. Ademais, esse acúmulo de capital também poderia se tornar uma realidade pelo distanciamento

---

escola (de 81,5% para 98,6% no segmento de sete a catorze anos de idade) e a escolaridade média (de 4,4 anos para 7,7 anos na população de 25 anos ou mais), na saúde aumentou a expectativa média de vida (de 64,7 para 75,4 anos) e caiu a mortalidade infantil (de 56,7 para 13,8 por mil nascidos vivos). Mais detalhes em: DULCI, 2010; POCHMANN, 2013; e CAMPELO, 2016.

22   A contenção dos postos de trabalho que levou ao enxugamento da classe média assalariada e dos trabalhadores industriais organizados foi compensada pela elevação considerável do nível de ocupação no setor de serviços. Nos anos 2000, cerca de 90% das vagas abertas pagavam até 1,5 salário mínimo mensal. Assim, a desindustrialização representou a destruição de empregos de 55 mil reais anuais concomitantemente à geração de postos de trabalho de 15 mil reais anuais. Ver mais em: POCHMANN, 2014a e 2014b.

do projeto de sociedade includente, emergência governamental para não mais do que 1/3 da sociedade.

1.3 Considerações finais

Desde o ano 2016, com a ascensão do governo Temer, o Brasil passou a conviver com sinais importantes de esgotamento do ciclo político da Nova República. Com isso, o padrão de políticas públicas constituído nas últimas três décadas de experimentação democrática aponta para uma profunda inflexão impulsionada pelo retorno do receituário neoliberal ao país.

Pela abordagem desenvolvida nas páginas anteriores, foi concedida especial atenção aos determinantes principais da relação do Estado com o capitalismo brasileiro, cujo intuito foi oferecer uma interpretação ensaísta a respeito do atual movimento de inflexão no conjunto das políticas públicas. As três características essenciais do padrão de políticas públicas, constituído na Nova República, foram destacadas, servindo de referência à identificação das alterações implementadas pelo governo Temer.

Nesse sentido, chegou-se a uma perspectiva de encerramento do ciclo político da Nova República, com a ascensão do novo projeto de características iniciais gerais assentadas no conservadorismo, classismo e autoritarismo. Além disso, constatou-se também que a inflexão alcançou as relações internacionais, com o realinhamento brasileiro à atual onda de globalização e à situação interna frente ao avanço das reformas nas políticas públicas que as tornam convergentes com o atendimento da menor parcela da sociedade.

2
Construção estatal e montagem da industrialização

O Estado moderno tem perseguido, em geral, o propósito de consolidar e homogeneizar valores e sentimentos nacionais em prol da produção crescente de riquezas alimentadas por processos de acumulação de capital. Por ser produto da sociedade que sintetiza o sistema de poder, organizado por intermédio de instituições que operam como aparelhos do Estado, este tende a expressar interesses de classes por meio de sua estrutura de funcionamento e ações.

Nas economias capitalistas geradoras de excedente e antagonismos de classe, o Estado termina sendo operado por uma elite dirigente formada por burocratas, tecnoburocratas e forças públicas com poder de legislar, tributar e gastar. Contudo, o poder político do Estado no centro do capitalismo mundial não se apresentou, em geral, como reflexo direto do poder econômico.

Nos países da periferia do capitalismo, especialmente latino-americanos, a constituição do Estado se deu concomitantemente às revoluções industriais e tecnológicas do século XIX, embora não tenha conseguido alcançar um objetivo similar ao verificado nas economias avançadas. No Brasil, o Estado não se constituiu diretamente como produto da sociedade local, uma vez que veio trazido de fora, por força da vinda da família real, ainda durante a fase colonial.

Além da transposição antecipada do Estado devido a condições particulares da corte portuguesa, o país não seguiu simultaneamente a mesma sequência da constituição de forças produtivas capitalistas, conforme também registrado no centro do capitalismo mundial. A partir da constituição do Estado, as experiências nacionais direcionaram-se ao apoiar, em maior ou menor escala, a industrialização como condição necessária para o abandono das antigas e primitivas sociedades agrárias.

No Brasil, contudo, o avanço do Estado motivado pela vinda da família real portuguesa se deu sincronicamente à postergação do processo de industrialização, que somente ganhou primazia a partir da Depressão de 1929. Com isso, a fundação e a evolução do Estado desde a chegada de D. João VI, em 1808, transcorreram comprometidas com a manutenção da sociedade agrária, o que retardou ainda mais a construção do mercado de trabalho livre (assalariamento), do sistema fabril e da grande empresa manufatureira.

Até a Revolução de 1930, o Estado mínimo dos regimes do Império e da República Velha representou uma espécie de freio à constituição e avanço do capitalismo industrial, constrangendo significativamente as possibilidades de transição da sociedade agrária para a sociedade urbano-industrial. Em geral, a maioria política dirigente que se manteve articulada em torno do Estado liberal satisfazia-se com suas funções minimalistas para o conjunto do país, embora parte significativa das ações do setor público se encontrasse comprometida com a promoção de renda e riqueza associadas à exportação de produtos primários e importação de bens de consumo de luxo aos ricos. Ou seja, havia uma aristocracia rural vinculada ao comércio externo, que se promovia ao se apropriar do uso das funções do Estado mínimo.

Somente com a instalação de uma nova maioria política, consolidada no poder concomitantemente à Depressão de 1929 e à Revolução de 1930, foi possível modificar radicalmente o papel do Estado no Brasil. Em função do atraso acumulado durante a manifestação do Estado mínimo em termos de contribuição para o desenvolvimento das forças produtivas industrializantes durante o Império e a República Velha, o papel do setor público tornou-se simplesmente fundamental para a constituição da ossatura avançada da industrialização na periferia do capitalismo mundial.

A partir da construção do Estado desenvolvimentista, o Brasil conviveu com o ciclo da industrialização nacional entre as décadas de 1930 e 1980, permitindo uma rápida transição do anacrônico agrarismo para uma complexa e superior sociedade urbano-industrial. Porém, os avanços na base material do capitalismo industrial em um país periférico não se deram com os mesmos resultados socioeconômicos alcançados no centro do capitalismo mundial.

A primeira razão para isso é que a realização do processo de industrialização no século XX não pode mais ser executada da mesma forma como se executou no século XVIII na Inglaterra ou no século XIX na França, na Alemanha, nos Estados Unidos, na Rússia e em outros países. Dada as escalas de produção, o nível tecnológico de organização industrial e as complexas articulações entre os capitais produtivos e bancários, o setor privado nativo brasileiro se mostrou inadequadamente preparado para comandar exclusivamente o ciclo industrializante.

Em função disso, o Brasil trilhou o caminho da tríplice aliança, sobretudo a partir do final da Segunda Guerra Mundial, com a associação entre os capitais estatais e privados, nacionais e estrangeiros. Ao Estado, em especial, coube a tarefa, entre outras, de mobilizar recursos substanciais para tornar efetivo tanto o processo de acumulação de capital como a acelerada transição para a sociedade urbano-industrial.

A segunda razão é a contida presença do regime democrático, tendo em vista que a nova maioria política que governou o Brasil após 1930 era fundamentalmente desenvolvimentista, não necessariamente democrática. O Estado Novo (1937-1945) e a ditadura militar (1964-1985) foram períodos exemplares de forte expansão das forças produtivas com obstrução do regime democrático.

Já a terceira razão é a produção do novo em plena sociedade urbano-industrial, que ocorreu sem o desmonte do passado atrasado presente na velha sociedade agrária (latifúndio, desvalorização do trabalho, escassez democrática, entre outros). A contrarrevolução de 1932 no Brasil demarcou, por exemplo, um conjunto de entraves impostos ao processo de modernização que derivaram da construção do Estado desenvolvimentista, impossibilitando a realização das chamadas reformas clássicas do capitalismo contemporâneo na plena periferia (agrária, tributária e social).

Na crise da dívida externa, logo no início da década de 1980, o Estado desenvolvimentista começou a dar sinais de esgotamento. O caminho escolhido pelo último governo da ditadura militar para enfrentar a crise internacional levou ao desenlace da maioria política desenvolvimentista.

A fragmentação da elite política dirigente da época lançou o país durante mais de duas décadas a uma forte regressão econômica e social. De um lado, a força política do movimento de redemocratização apoiou a conformação de uma nova e avançada Constituição Federal em prol dos avanços sociais. De outro, permaneciam os retrocessos obtidos pelo fraco desempenho econômico (alta inflação, baixo crescimento da produção, financeirização da riqueza, elevado desemprego, pobreza e desigualdade de renda).

Nesse contexto, as reformas neoliberais ganharam dimensão a partir do final da década de 1980 no Brasil. O Estado desenvolvimentista foi alvo especial das reformas liberalizantes devido ao avanço da privatização no setor produtivo estatal, da contenção dos recursos públicos para investimentos e funções clássicas em infraestrutura, educação, saúde, entre outras.

Entretanto, para o apoio à financeirização da riqueza não houve escassez de recursos públicos. Ao contrário, ela foi motivada pela ampliação do endividamento público, da elevação da carga tributária e da privatização. Somente mais recentemente, com alguns sinais de alteração no âmbito da maioria política dirigente, o Estado passou a apontar para a recuperação de suas funções anteriormente podadas pela experiência neoliberal no Brasil.

Neste começo do século XXI, a recuperação do papel do Estado torna-se extremamente fundamental não apenas pelas exigências de enfrentamento da herança neoliberal, mas, sobretudo, pelos atuais requisitos estabelecidos para a transição da sociedade urbana e industrial para a de serviços. Essa possibilidade histórica, colocada à disposição das nações desenvolvidas e de poucos países da periferia do capitalismo mundial, como é o caso do Brasil, exige, contudo, avanços mais rápidos e efetivos na reconstituição do Estado em novas bases.

Construção estatal e montagem da industrialização

Sem a consolidação de uma maioria política contemporânea dos desafios nesse início de século, as exigências de um novo Estado tendem a não se consolidarem. Com isso, as oportunidades inéditas do Brasil de seguir a rota atual de transição para a nova sociedade pós-industrial podem ser, mais uma vez, perdidas.

2.1 Estado mínimo no Império e República Velha

O processo de colonização por meio da exploração pelos portugueses concedeu especificidades importantes na fundação e formação do Estado em plena consolidação da sociedade agrária no Brasil. Inicialmente, destaca-se a especificidade gerada pelo perfil dos primeiros colonizadores que vieram desconectados da antiga cepa rural portuguesa para a colônia.

Dois tipos de perfis deram forma ao espírito do colonizador português. O primeiro era composto pela parcela dos primeiros portugueses colonizadores movida pelo espírito de aventura, do comércio e do trabalho urbano. A segunda era parte dos colonizadores portugueses que se identificaram com cargos burocráticos e missões especiais que exigiam a expressão de militares e dirigentes.

Em síntese, ambas as partes compuseram a colonização portuguesa, baseada na oferta de privilégios pela Coroa, seja da exploração agrária por meio das atividades de exportação de produtos derivados da monocultura em grandes extensões de terra e uso do trabalho escravo, seja dos cargos burocráticos de comando e administração do empreendimento colonial (FREYRE, 1987; OLIVEIRA VIANA, 2002).

A organização social feudal de Portugal não foi reproduzida no Brasil colônia, com todo o beneplácito da igreja que se mantinha unitária, tampouco teve importância a aplicação rígida da descendência (linhagem familiar), o que permitiu consagrar uma estratificação social moldada tanto pela origem como pela aparência. Por isso os mestiços em ascensão buscavam, muitas vezes, esconder seus traços fenotípicos. Ainda assim, isso não significou a oportunidade de evoluir por intermédio dos cargos públicos. Em 1872, por exemplo, a coroa portuguesa estabeleceu, em decreto, que ser branco era um dos requisitos para ocupar os cargos municipais em Minas Gerais e os do Tesouro, na Bahia.[1]

A presença do Estado colonial nada mais era do que uma espécie de apêndice dos órgãos centrais de Portugal. Em função disso, o aparelho estatal era mínimo, conduzido pela legislação medieval, especialmente na manutenção da ordem interna, por meio das concessões nas capitanias hereditárias. Assim, era o Estado que definia, por delegação, a exploração econômica na colônia por meio de parceria e das concessões em troca da arrecadação de tributos diante da extensão das terras, da quantidade de escravos, entre outros (SIMONSEN, 1978; SODRÉ, 1997).

Posteriormente, ressalta-se a especificidade na fundação e formação do Estado no Brasil durante a fase colonial por decorrência da vinda da família Real em 1808. Com a chegada de D. João VI, a formação do Estado ganhou novas dimensões, fundamentais para que a unidade nacional fosse preservada, o que em muito diverge da experiência colonial da América espanhola, que deu origem a dezesseis novas nações independentes.

Além disso, a instalação do Estado se deu contemporaneamente ao avanço da Revolução Industrial e Tecnológica do século XIX, o que representa algo inédito em relação a outras experiências periféricas do capitalismo nas quais houve uma organização mais recente do Estado nacional. Isso, contudo, não significou sincronia com o avanço da industrialização consagrada nas economias do centro do capitalismo mundial (LESSA; DAIN, 1983). Pelo contrário: a passagem do trabalho forçado para o assalariado foi extremamente longa, pois foram exatos oitenta anos que separaram a chegada da família real (1808) e a abolição da escravatura (1888). Além da longevidade da exploração do trabalho escravo, a constituição do mercado de trabalho livre se deu basicamente pela atração de imigrantes brancos em condições superiores às

---
1 Para mais detalhes sobre o legado racista durante as primeiras experiências de ocupação de cargos públicos no Brasil colonial, ver: MOOG, 1961; DAMATA, 1981; e RIBEIRO, 1991.

exigências de produção, fazendo com que a população ex-escravizada permanecesse como massa marginal de trabalho (BARBOSA, 2008).

A constituição do mercado de trabalho com fortes excedentes de mão de obra não foi acompanhada da instalação tanto do sistema fabril como da grande indústria, conforme a experiência dos países de capitalismo avançado. A permanência da condição de economia primário-exportadora durante a monarquia brasileira (1822-1889) e a República Velha (1889-1930) postergou no tempo o estabelecimento da industrialização e a tornou fortemente dependente da atuação do Estado em novas bases (MELLO, 1982; BARBOSA, 1985).

Embora mínimo, o Estado, desde sua implantação ainda sob a condição de colônia portuguesa, exerce papel absolutista na organização do comércio, na apropriação da terra, nas regras de legitimidade do uso do trabalho forçado, entre outras atividades para além do monopólio da arrecadação tributária, do papel moeda e da violência. O resultado da função do Estado em termos de enriquecimento encontra-se orientado fundamentalmente em proveito do grupo que o dirige (FAORO, 2000).

Com a independência nacional, em 1822, o Estado embrionário do período colonial se manteve praticamente intacto, assim como o aparelho produtivo e social vigente até então. Isso porque o processo de independência se mostrou natural e quase sem tensões na transplantação da Coroa portuguesa para o Império brasileiro, bem ao contrário das grandes mobilizações e revoltas libertadoras sob importantes lideranças populares, como na América espanhola (LESSA, 2001; CARVALHO, 2004).

Uma grande negociação conduzida pela elite nacional com a Coroa portuguesa e a Inglaterra produziu uma saída mediadora no interior da própria família Bragança com o herdeiro D. Pedro. A transição da Coroa portuguesa para a montagem da monarquia, sob hegemonia da casa dos Bragança, se deu a partir da concepção de que somente a figura do rei permitiria manter a ordem social e a união das províncias originárias da antiga condição de colônia.

Nos 67 anos de existência da monarquia no Brasil (1822-1889), a materialidade do Estado perseguiu a direção europeia, com base na tradição portuguesa e liderança inglesa. Simultaneamente, o movimento republicano em curso durante o período monárquico foi se constituindo com forte influência na experiência dos Estados Unidos.

A Constituição de 1824 estabeleceu a separação dos quatro poderes da nação em legislativo, executivo, judiciário e o moderador privativo do Imperador. Em outras palavras, formou-se uma espécie de monarquia presidencial com eleições periódicas para maiores de idade do sexo masculino que tivessem renda mínima de 100 mil réis.

De 1822 a 1930, o Brasil praticou ininterruptamente o processo eleitoral, embora contivesse a participação de não mais do que 5% do total da população. Os senadores eram vitalícios e os deputados tinham mandatos de quatro anos, acompanhados de vereadores e juízes de paz, enquanto a presidência das províncias era nomeada pela monarquia.

Não obstante, a organização institucional da monarquia no Brasil encontrava-se presente sobretudo no Rio de Janeiro, o que levou ao surgimento de revoltas em algumas províncias. Em 1824, ocorreu a Revolta da Confederação do Equador, que teve como liderança a província de Pernambuco e como objetivo a instalação da República no Brasil; o mesmo ocorreu no período da Regência com as revoltas da Sabinada, da Cabanagem e da Farroupilha, que manifestaram regionalmente a ausência de um sentimento de Estado nacional.

Nesse sentido, o nascimento da República, em 1889, trouxe importantes modificações no papel do Estado para a nação. Até então, ele se encontrava comprometido com o unitarismo do Império, seja pela unidade do território, do idioma, da religião e do trabalho escravo, seja pela perspectiva da raça cósmica que terminou resultando na fusão das três raças (brancos, indígenas e negros).

As forças do Império se organizavam em torno da atuação do Estado, que se constituía enquanto nação juridicamente organizada. A mobilização das forças armadas era pontual no Estado do Império, uma vez que o exército somente foi se constituindo como identidade e unidade nacional a partir da Guerra do Paraguai (1865-1870). Nesse sentido, Olavo Bilac teve destaque pela defesa do serviço militar obrigatório, posto que o recrutamento da Guarda Nacional instituído desde 1831 era violento e castigava fisicamente os recrutas.

Resumidamente, observa-se que durante o Império no Brasil houve certa prática do Estado para garantir a centralização da monarquia conforme as experiências das monarquias absolutistas europeias, como a legitimidade do poder fundada na autoridade divina do rei e presença da administração pública, especialmente da elite dirigente recrutada entre os notáveis, não obstante a pobreza e ignorância permeando todo o território (JAGUARIBE, 1992).

As novas exigências estabelecidas no Estado brasileiro pela constituição da República a partir de 1889 se deram diante do predomínio da hegemonia de duas ideologias antípodas, porém convergentes em termos de contenção do papel do Estado. Na primeira, o liberalismo predominante na maioria política dirigente no Brasil durante a República Velha tornou mínimo o papel do Estado, mesmo durante as oportunidades de avanços estabelecidos pela Grande Depressão internacional (1873-1896) e pela Primeira Guerra Mundial.

Na segunda, o pacto liberal de poder somente identificou como estratégica a atuação do Estado quando esta era voltada para a fundamentação e apoio às exigências da economia primário-exportadora. Para isso, o Estado serviu para o financiamento de levas de imigrantes brancos, que substituíram a força de trabalho dos negros escravizados no oferecimento das garantias aos empréstimos externos realizados para bancar a infraestrutura necessária (das ferrovias, dos portos, entre outros) na exportação dos produtos primários e na liberação da política econômica extremamente favorável ao comércio externo.

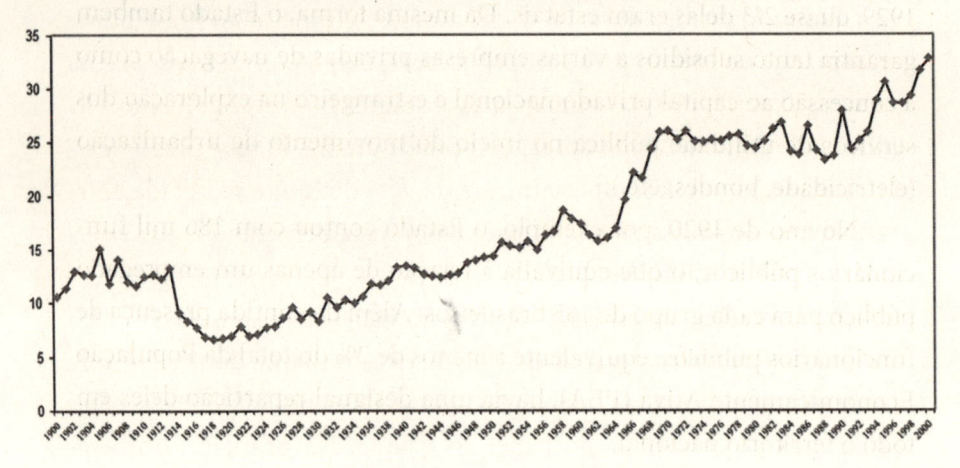

Gráfico 1. Brasil: Evolução da carga tributária das três esferas da administração pública (em %) do PIB entre 1900 e 2000

Fonte: IBGE (elaboração própria)

De maneira geral, houve a diminuição da presença do Estado mínimo em termos de representação do gasto das três esferas da administração pública no total do Produto Interno Bruto (PIB), que variou de 15,1%, em 1905, para 6,6%, em 1918. Em outras palavras, percebe-se que o conjunto das ações do Estado ao longo da República Velha representou uma soma residual de recursos em relação ao PIB.

Salvo períodos excepcionais, a carga tributária do Estado mínimo representou menos de 1/10 do Produto Interno Bruto durante a vigência da República Velha. Por estarem desconectadas das exigências de reprodução da força de trabalho, as ações do Estado mínimo se voltaram à sustentação do aparelho de Estado e das políticas públicas de atenção à economia primário-exportadora, especialmente no setor cafeeiro.

Na segunda metade do século XIX, por exemplo, o liberalismo do Estado mínimo chegou a garantir uma taxa de retorno aos investimentos privados realizados. Para os investimentos dos ingleses nas ferrovias, as garantias de lucro por parte do Estado equivaliam a até 6% do valor das importações de 1880.

Uma vez construídas as ferrovias, coube ao Estado comprar as mesmas ferrovias construídas pelo capital estrangeiro, uma vez que, em 1929, quase 2/3 delas eram estatais. Da mesma forma, o Estado também garantia tanto subsídios a várias empresas privadas de navegação como a concessão ao capital privado nacional e estrangeiro na exploração dos serviços de utilidade pública no início do movimento de urbanização (eletricidade, bondes, etc.).[2]

No ano de 1920, por exemplo, o Estado contou com 186 mil funcionários públicos, o que equivalia à relação de apenas um empregado público para cada grupo de 165 brasileiros. Além da contida presença de funcionários públicos, equivalente a menos de 2% do total da População Economicamente Ativa (PEA), havia uma desigual repartição deles em todo o território nacional.

A maior parte do corpo de funcionários públicos encontrava-se localizada nas regiões Sul e Sudeste. As regiões Norte, Nordeste e Centro-Oeste registravam, em consequência, a menor participação relativa do emprego público.

Em geral, a contratação de empregados públicos não decorria da realização de concursos, o que indicava a presença de grande rotatividade da mão de obra, sobretudo quando havia alternância de grupos políticos no poder. Por conta disso, o Estado mínimo não contou com a experiência de uma burocracia profissional, fundada na meritocracia das carreiras públicas.

---

2   Mais informações em: LEFF, 1968; VILLELA; SUZIGAN, 1973; e SINGER, 1975.

Gráfico 2. Brasil: Evolução do gasto com pessoal no total da despesa primária das três esferas da administração pública (em %) entre 1900 e 2000

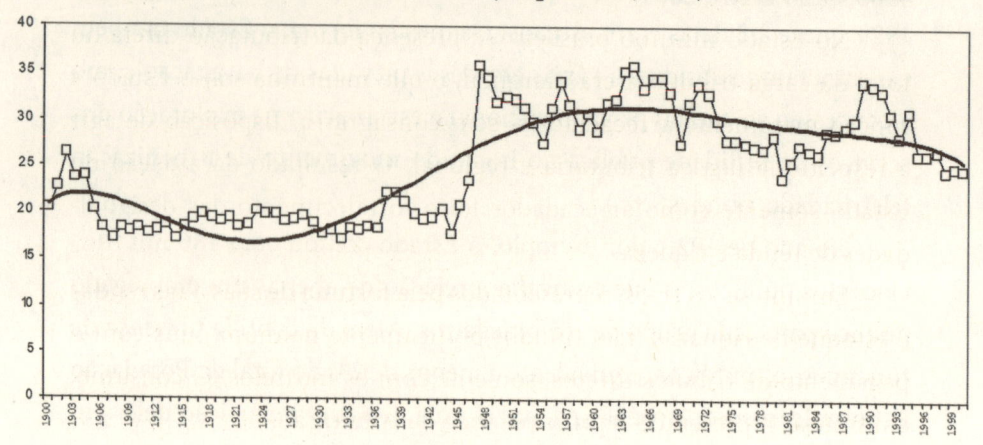

Fonte: IBGE (elaboração própria)

Para manter esse contingente de funcionários, o Estado não chegava a comprometer nem mesmo 1/4 do total do orçamento das três esferas da administração pública. Em outras palavras, cerca de 80% dos recursos arrecadados pelo Estado estavam disponíveis para outras ações que não o pagamento de pessoal.

Até então, predominava a convergência orçamentária para o financiamento de ações voltadas aos interesses de grupos oligárquicos dominantes, ou seja, os agroexportadores da República Velha. Além dessa convergência no gasto público, constatava-se também que o fundo público era constituído fundamentalmente por tributos indiretos, como no caso do comércio externo, no qual as importações se constituíam pelos tributos do governo central e as exportações pelas províncias. Graças a isso, o governo central respondia por cerca de 2/3 do total da arrecadação.

Até 1922, por exemplo, o Brasil não registrava a presença de tributos sobre a renda. Chama a atenção que a primeira experiência do mundo de cobrança do imposto sobre renda se deu em 1798 na Inglaterra, introduzida extraordinariamente para financiar as despesas adicionais de guerra contra a França. Na década de 1840, países como a Suíça, a Áustria e outros mais seguiram o exemplo inglês (BALEEIRO, 1978; LONGO, 1986; OLIVEIRA, 2009).

No Estado mínimo brasileiro, a presença da tributação direta no total da carga tributária era marginal, o que mantinha sob o Estado a função meramente arrecadatória, sem consagrar a disposição de agir a respeito da justiça tributária e regional. O resultado da atuação do Estado somente como arrecadador foi o fortalecimento das desigualdades de renda e riqueza.

Em síntese, os ricos, representados pela fortuna de suas altas rendas e estoque de riquezas, não tinham praticamente nenhum ônus com o pagamento de tributos diretos, somente com os indiretos. O consumo, em síntese, representou o principal foco da tributação.

Gráfico 3. Brasil: Evolução da tributação direta, indireta e total das três esferas da administração pública (em % do PIB) entre 1900 e 2000

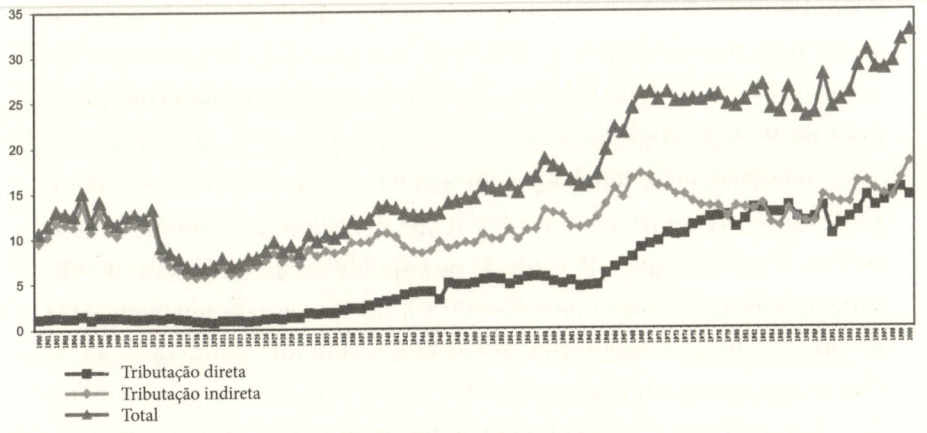

Fonte: IBGE (elaboração própria)

A longevidade do Estado mínimo durante a República Velha esteve, em grande medida, vinculada à fragmentação das forças políticas que se evidenciaram fundamentalmente pela capacidade de alguns poucos governos das províncias, como o de São Paulo e o de Minas Gerais, de conduzir o conjunto das ações do poder público em termos nacionais. Paralelamente, as oligarquias regionais seguiam focadas nas ações do Estado mínimo em conformidade com seus interesses mais imediatos de reprodução.

Era uma unidade política que não resultava na integração nacional. A heterogeneidade se mantinha reforçada diante da manutenção do poder do Estado mínimo fragmentado geograficamente em favor dos interesses econômicos imediatos, geralmente agroexportadores conectados com o exterior (exportação de produtos primários e importação de manufaturas). Ideologicamente, persistia o pressuposto importado do exterior de que a eficiência da livre concorrência entre as forças de mercado estabeleceria o equilíbrio econômico e a melhor alocação dos recursos produtivos.

Por outro lado, havia a primazia da liderança ideológica anarquista nos polos de oposição política às oligarquias que governaram o Brasil entre 1889 e 1930. O projeto do anarquismo tinha como centro a dissolução do Estado mínimo, não a sua reconstrução em novas bases, sendo, talvez por isso, incapaz de oferecer às massas de despossuídos do país uma alternativa política de governo majoritária.

Naquela época, contudo, os períodos de ascensão popular foram produto de importantes manifestações que resultaram da organização de elites populares mais articuladas no seio da primitiva sociedade agrária, ainda que não contassem com capacidade de liderança de um novo projeto nacional integrador. A força da repressão e do autoritarismo da oligarquia agrária em torno do Estado mínimo se mostrou suficiente para debelar, sempre que necessário, as revoltas populares de reação ao pacto liberal conservador de poder.

Não obstante, a hegemonia liberal no comando do Estado mínimo, bem como da ação anarquista em oposição ao pacto oligárquico brasileiro desde o século XIX, coexistiu paralelamente com o surgimento e a expansão de novas ideias vinculadas à reformulação do antigo Estado liberal no Brasil. Trataram-se, resumidamente, de movimentos de traços jacobinos por parte de militares, positivistas, fascistas, socialistas, comunistas, trabalhistas, entre outros grupos sociais que foram ganhando forma e posição, apesar das derrotas acumuladas ao longo da República Velha.

Especialmente nas primeiras décadas do século XX, com o impulso de alguns poucos centros urbanos, observaram-se os exemplos de sublevação militar, conflitos intraoligárquicos, distúrbios sociais e orientação dos votos urbanos. Essa foi a base social pela qual o Brasil passou a conformar uma nova maioria política capaz de aproveitar as oportunidades históricas criadas pela Depressão capitalista internacional de 1929 e pela Revolução de 1930 para a criação do Estado desenvolvimentista em prol da passagem para uma sociedade urbana e industrial.

2.2 Estado desenvolvimentista no ciclo da industrialização nacional

A interrupção da marcha do Estado mínimo no Brasil ocorreu de forma brusca em 1930 por força do importante movimento político que desencadeou a Revolução de 1930. A nova maioria política que passou a governar o país a partir de então era formada por uma base muito heterogênea.

A frente política constituída de positivistas, fascistas, socialistas, trabalhistas, comunistas, entre outras ideologias tinha a convergência fundamental centrada no antiliberalismo. Isso se mostrou importante como apoio tanto à construção do Estado desenvolvimentista como ao processo de industrialização nacional, porém insuficiente para liderar uma verdadeira revolução burguesa, conforme a experiência do centro do capitalismo mundial.

Sem a presença de uma revolução burguesa clássica no Brasil, o pacto desenvolvimentista transcorreu com particularidades, pois se encontrou comprometido com o avanço das bases materiais do capitalismo industrial sem a realização de reformas que constrangessem o antigo pacto de poder centrado na oligarquia agrária. Na sequência da Revolução de 1930, o Brasil teve a contestação de uma contrarrevolução em 1932 conduzida pela reunião de fortes interesses da oligarquia agrária e do comércio externo.

Assim, o Estado desenvolvimentista se fez forte, embora desfalcado da constituição de uma importante sociedade civil organizada em diferentes instituições de representação de interesses. Sem o contrapeso de instituições da sociedade civil compromissadas com o regime democrático, o capitalismo industrial avançou sem peias, selvagem e indócil com a justiça e a repartição menos desigual da renda e da riqueza.

Cabe destacar também que a Depressão de 1929 cumpriu papel fundamental no sentido de tornar mais frágil a velha agregação de interesses oligárquicos regionais, que, sem manifestar um projeto de sociedade integrador à crise econômica da época, teve que ceder à perspectiva de constituição do Estado desenvolvimentista. Frente à imobilidade do Estado mínimo de então, a elite política agrarista se apegou aos princípios liberais, defendendo que a produção de laranja poderia oferecer uma saída à *débâcle* cafeeira.

Porém, esse argumento se mostrou cada vez mais frágil, tendo em vista que a grave crise do capitalismo mundial fez ruir a base do liberalismo na crença do livre mercado e da não intervenção do Estado. Nesse contexto, a versão liberal brasileira da defesa inconteste da vocação agrária foi sendo esvaziada ao mesmo tempo em que ocorria o avanço das políticas públicas deliberadas de reversão do eixo básico "para fora" (comércio externo) da economia brasileira para cada vez mais "para dentro" (mercado interno), por meio da proteção tarifária e investimentos em infraestrutura e na formação de empresas estatais.

A defesa da industrialização como o caminho mais eficiente para a elevação da renda nacional e da produtividade tinha na definição do Estado o principal motor do desenvolvimento no âmbito do setor privado nacional, pelo menos até 1955. A partir daí, a aliança se deu de forma tripartite, ou seja, com a presença do capital privado internacional associado aos investimentos estatais e privados nacionais.[3]

A constituição do Estado desenvolvimentista se fez a partir da superação da fragmentação regional do setor público por meio da centralização do poder e da concentração dos recursos em torno do governo central. Com a perda da importância relativa das oligarquias regionais

---

3 Sobre o debate entre liberais agraristas e industrialistas e práticas de políticas públicas, ver: SIMONSEN, 1978; WEFFORT, 1978; DRAIBE, 1985; MARTINS, 1985; e PRADO, 1985.

no comando do Estado, as políticas públicas se tornaram cada vez mais uma expressão nacional, especialmente em termos econômicos e sociais.

Em geral, nota-se que o padrão de formação do Estado capitalista verificado nas economias avançadas contou com um tempo extenso para tratar gradualmente da definição de temáticas distintas, como a soberania territorial, a unificação institucional, a centralização do fundo público, a urbanização, a industrialização e a regulação social. No Brasil, ao contrário, a urgência da construção do Estado capitalista após 1930 impôs o tratamento conjunto de múltiplas questões conduzidas em várias frentes, cuja peculiaridade da maioria política não se mostrou consistente para conceder um posicionamento equivalente.

Desse modo, o Estado, que se tornou peça fundamental para viabilizar a transição da velha sociedade agrária, primário-exportadora, para a complexa e superior sociedade urbana industrial, não reproduziu o mesmo padrão do capitalismo central. Para isso, o Estado desenvolvimentista precisou ser construído, transformando o anacrônico aparelho público existente até então em bases nacionais novas e modernas.

Isso implicou, por exemplo, em consagrar – a um só tempo – a resolução das questões nacionais como a unificação do poder judiciário nacional e sua independência, a monopolização do uso da violência ao poder central das forças armadas, a constituição do poder eleitoral (voto secreto e universal, justiça eleitoral, obrigatoriedade do voto, entre outros), a integração do sistema educacional, a constituição das ações de saúde pública, previdência e assistência social e a regulação das relações entre capital e trabalho. Tudo isso, em certo sentido, se fazia necessário como requisitos presentes para a constituição do processo de industrialização em concomitância com a experiência internacional.[4]

Tendo em vista o atraso acumulado no Brasil por décadas de vigência do Estado mínimo em conexão com a longeva sociedade agrária, soube-se logo que o desafio de promover o avanço das forças produtivas não poderia simplesmente depender do setor privado. Dada as novas

---

4   Para mais detalhes sobre o padrão de formação dos estados capitalistas, consultar: MARSHALL, 1967; GERSCHENKRON, 1968; WEBER, 1968; HOBSBAWM, 1974; e TILLY, 1976.

condições de produzir manufatura desde a Segunda Revolução Industrial e Tecnológica, as escalas de produção eram enormes e com procedimentos técnicos extremamente complexos, exigindo acúmulo de capitais consideráveis e de difícil viabilização pelo setor privado nacional.

Nesse contexto, existiam duas possibilidades a serem consideradas. A primeira se tratava da associação direta com o capital internacional, que já monopolizava os principais componentes do processo de industrialização, enquanto a segunda se tratava da necessidade da força organizativa de parte do Estado.

A alternativa de parceria com o capital externo se mostrou praticamente inviável até a década de 1940, pois, apesar de várias tentativas governamentais, pouco foi possível avançar por resistência internacional. Isso em parte se deu pela situação resultante da Segunda Guerra Mundial e pela sutileza da posição dúbia de Getúlio Vargas em conceder apoio militar, o que resultou no apoio dos Estados Unidos para a internalização da produção de aço por meio da Companhia Siderúrgica Nacional.[5]

Em certo sentido, a hostilidade do imperialismo comercial, produtivo e financeiro no estabelecimento de bases mais orgânicas em determinados espaços territoriais do mundo que não fossem fundamentalmente agroexportadores acabou por estimular o nacionalismo por meio do protagonismo estatal. Frente aos problemas do subdesenvolvimento evidenciados pela escassez de capital e pelo incipiente mercado interno consumidor (delimitação da demanda doméstica), vários pacotes sincronizados de inversões em diversos setores econômicos foram implementados.[6]

Essas implementações ocorreram inicialmente para substituir as importações, embora, na sequência, assumiram o papel de favorecer a montagem de toda a engrenagem da estrutura do capitalismo industrial. Essa primazia do Estado em exercer um papel central no processo de acumulação de capital conviveu com duas tentativas de interrupção

---

[5] Sobre as negociações com o capital externo e o esforço nacional para a internacionalização da produção no Brasil, ver: BAER, 1970; IANNI, 1971; LIMA, 1975; DINIZ, 1978; e SHAPIRO, 1997.

[6] A literatura de referência pode ser encontrada em PREBISH, 1950; e RODRIGUES, 1980.

liberalizantes. A primeira ocorreu durante o governo de Eurico Gaspar Dutra (1946-1950) e a segunda durante o de Humberto Castello Branco, e em ambas as experiências houve a retomada contida da defesa do ideário do liberalismo econômico (COHN, 1968; EVANS, 1980).

A despeito disso, o movimento de implementação do Estado desenvolvimentista entre as décadas de 1930 e 1980 seguiu as características de certo nacionalismo e da centralização e articulação nacionais, ou seja, do desenvolvimento das estruturas que atendessem ao papel de Estado-nação e de Estado capitalista. Desde 1930 isso significou a procura pelo estabelecimento tanto da regulação dos setores de exportação primária como das políticas nacionais comprometidas com o desenvolvimento da sociedade urbana industrial.

Uma das consequências disso foi a elevação do número de empregados públicos, que continuou acompanhando, de maneira geral, a ampliação populacional. Até o final da década de 1980, o aumento de empregos públicos foi cada vez mais influenciado pelos critérios de racionalidade do Estado, embora ainda se fizessem presentes alguns vícios do passado, como o clientelismo e o favoritismo político. Em relação à população, a quantidade de empregados públicos aumentou em quase três vezes entre 1940 e 1980, passando de 1,2% para 3,5% dos brasileiros.

Gráfico 4. Brasil: Evolução do emprego nas três esferas da administração pública como proporção da população (em %) entre 1920 e 2008

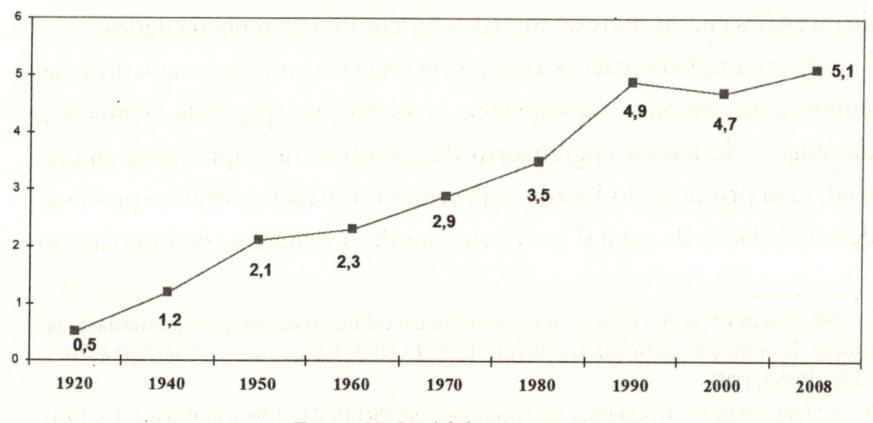

Fonte: IBGE (elaboração própria)

Nas condições de um país periférico do capitalismo mundial, e diante do avanço do processo de industrialização nacional em pleno século XX, coube ao Estado desenvolvimentista em formação conceder maior ênfase à função econômica como possibilidade mais viável na oportunidade. Como consequência, a função social, sobretudo durante os momentos de maior mobilização do fundo público para a industrialização, terminou não obtendo a mesma ênfase. O papel central do Estado em relação ao processo de acumulação de capital não se mostrou algo inédito no Brasil (TAVARES, 1975; MELLO, 1982).

Na realidade, os êxitos nas experiências de avanço da industrialização nos países periféricos ao longo do século XX somente ocorreram diante da forte presença do Estado.[7] A montagem do Estado a partir da Revolução de 1930 se deu mais rapidamente na mobilização de sua estrutura e de recursos convergentes com as intervenções no setor produtivo (isto é, o apoio direto à acumulação de capital e à reprodução da força de trabalho).

Em outros termos, a função social do Estado desenvolvimentista ficou em segundo plano, uma vez que, sem a materialidade das forças produtivas características do capitalismo industrial, pouco havia para ser distribuído em termos de sociedade urbana industrial. Assim, a primitiva base econômica e social proveniente da sociedade agrária brasileira até a década de 1930 impôs certas escolhas diante da construção do Estado desenvolvimentista no Brasil. Ainda que existisse a premência da constituição da materialidade das forças produtivas da industrialização, observou-se também que a ausência de democracia e a força relativa dos interesses agrários impediram que houvesse simultaneidade entre avanços econômicos e sociais.

Apesar da postergação recorrente das reformas civilizatórias com o capitalismo contemporâneo, como na estrutura fundiária, tributária e social, percebe-se que o Brasil alcançou – em cinco décadas de hegemonia do Estado desenvolvimentista – êxitos econômicos inegáveis e pouco obtidos por outras nações pertencentes à periferia do capitalismo

---

7 Mais informações podem ser obtidas em: HOSELITZ, 1952; NURSKE, 1957; MYRDAL, 1960; e SKOCPOL, 1979.

mundial. Toda a transformação produtiva, contudo, não se mostrou suficiente para gerar resultados sociais compatíveis com os de outras nações que também se industrializaram.

Frente à emergência da construção da base material urbano-industrial, o avanço do aparelho do Estado desenvolvimentista consagrou um maior uso do fundo público para o processo de acumulação de capital.[8] Ao se agregar a totalidade da despesa das três esferas da administração pública em somente duas funções principais, como a econômica (produtiva e financeira) e a social (reprodução da força de trabalho e redução de desigualdades), torna-se mais explícito o sentido do uso do fundo público ao longo do século XX.

Na função econômica voltada ao processo de acumulação produtiva do capital encontram-se, por exemplo, as despesas públicas com investimentos, compras de bens, serviços e subsídios e transferências às empresas, enquanto nas ações de apoio à acumulação financeira destaca-se o pagamento dos serviços com endividamento público (juros). Na função social, o apoio público direciona-se à reprodução da força de trabalho (políticas distributivas), com destaque para as despesas com pessoal, previdência social e saúde (reprodutiva), ao passo que, nos gastos com transferências aos indivíduos e famílias, têm destaque por sua importância os itens como educação e assistência social, que tendem a expressar o comprometimento do Estado com a redução das desigualdades (políticas redistributivas).

No ano de 1940, por exemplo, 64% do fundo público estava comprometido com a função econômica, sendo 46% com o desenvolvimento produtivo e 18% com a acumulação financeira. Em contrapartida, a função social respondia por somente 36% do total do fundo público, sendo 19,3% orientado para a reprodução da força de trabalho e 16,7% para o enfrentamento das desigualdades nacionais (sociais, regionais e econômicas).

---

8 A interpretação sobre o papel do Estado capitalista na mobilização de recursos públicos para o processo de acumulação de capital e reprodução da força de trabalho pode ser encontrada em: O'CONNOR, 1977; e MATHIAS; SALAMA, 1983.

A despeito disso, a função social derivada do uso do fundo público foi a que mais cresceu a partir de 1940, o que indicou certa persistência na busca da legitimação política por parte do Estado desenvolvimentista conduzida pela elite dirigente. Até o início da década de 1970, a função econômica foi comandada pelo maior impulso dos recursos públicos orientados ao desenvolvimento produtivo, enquanto a acumulação financeira mantinha-se em posição marginal.

Gráfico 5. Brasil: Evolução dos índices das despesas na função econômica e por atividade produtiva e financeira nas três esferas da administração pública como proporção do Produto Interno Bruto (1940 = 100) entre 1940 e 2000

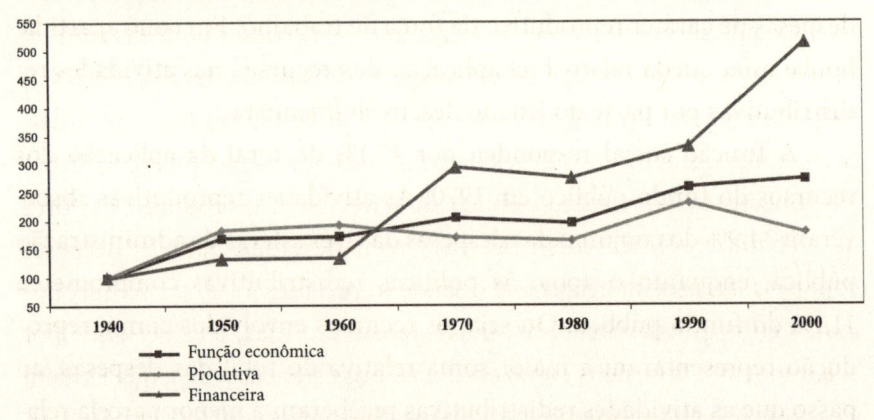

Fonte: IBGE (elaboração própria)

A partir da década de 1970, todavia, com os sinais de esgotamento do ciclo desenvolvimentista no Brasil, os incentivos na valorização financeira do capital passaram a ter mais importância na absorção do fundo público. Em 1970, a função econômica comprometeu 54,9% do total da função pública, sendo 34,2% absorvido pelas ações de apoio público ao desenvolvimento produtivo e 22,7% absorvido pela captura do processo de acumulação financeira do total das despesas das três esferas da administração pública.

Trinta anos após a Segunda Guerra Mundial, a repartição dos recursos no interior da função econômica apresentou mudanças importantes. Com o Estado desenvolvimentista registrando limites precoces no exitoso ciclo de acumulação de capital em plena década de 1970, apareceram os problemas de realização da demanda agregada e, consequentemente, a queda na taxa esperada de lucro aos novos investimentos produtivos.

O redirecionamento de parte da massa de lucros dos investimentos produtivos para aplicações financeiras e imobilizações de natureza especulativa conteve importantes implicações para o crescimento do processo inflacionário.[9] Com a crise da dívida externa, entre 1981 e 1983, o esgotamento da industrialização nacional tornou-se irreversível.

No mesmo período, considerável para o avanço do Estado desenvolvimentista, constatou-se também que, no âmbito da função social, o ordenamento do fundo público se encaminhou cada vez mais para as despesas de caráter reprodutivo da força de trabalho. Em contrapartida, houve uma queda relativa na aplicação dos recursos nas atividades redistributivas por parte do Estado desenvolvimentista.

A função social respondeu por 45,1% do total da aplicação dos recursos do fundo público em 1970. As atividades reprodutivas absorveram 34,9% do conjunto das despesas das três esferas da administração pública, enquanto o apoio às políticas redistributivas comprometeu 11,1% do fundo público. Ou seja, os recursos envolvidos com a reprodução representaram a maior soma relativa do total das despesas, ao passo que as atividades redistributivas receberam a menor parcela relativa do fundo público.

No que concerne às distintas trajetórias nos usos da carga tributária pelo Estado desenvolvimentista, é interessante destacar também as duas principais mudanças no padrão de intervenção pública. A primeira, até o golpe de 1964, foi demarcada pela baixa capacidade hegemônica da elite urbana industrial frente ao poder relativo das oligarquias regionais.

---
9 Uma análise da crise capitalista no Brasil da década de 1970 pode ser encontrada em: BELLUZZO; MELLO, 1983.

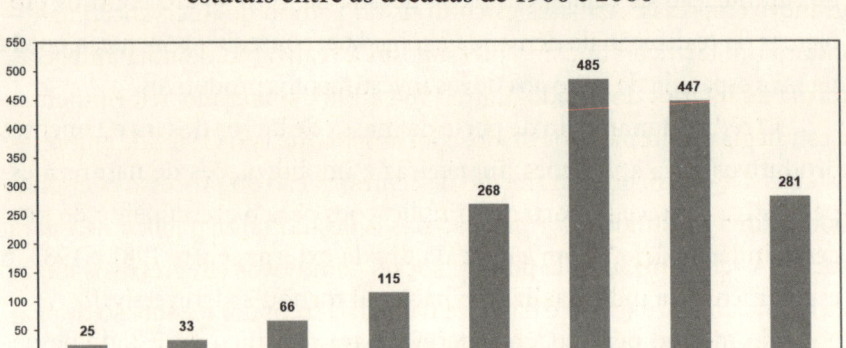

Gráfico 6. Brasil: Evolução das empresas
estatais entre as décadas de 1900 e 2000

Período	Empresas
1900-29	25
Década de 1930	33
Década de 1940	66
Década de 1950	115
Década de 1960	268
Década de 1980	485
Década de 1980	447
Década de 1990	281

Fonte: IBGE, MPOG-SEST (elaboração própria)

A construção do complexo estatal (instituições da administração pública e regulações setoriais) refletiu as coalizões políticas possíveis, com legitimidade política buscada nas massas populares urbanas. As alianças portadoras de futuro passaram pela emergência do Estado com funções empresariais.[10]

Com isso, tornou-se possível a articulação econômica estatal em uma formação mais fluída com o fortalecimento do processo de industrialização por meio do padrão de intervenção e regulação centralizada na máquina burocrática-administrativa em expansão. Assim, edificou-se o aparelho econômico estatal por meio da ampliação de órgãos de apoio, controle e regulação capaz de incorporar os interesses das classes em ascensão na estrutura material do setor público.

No regime militar (1964-1985), o padrão de intervenção estatal não expressou apenas a força do autoritarismo antidemocrático, mas também sua capacidade centralizadora e unificadora na organização e condensação do poder. De um lado, houve o salto na constituição de empresas estatais com amplas articulações entre distintos setores burocráticos e

---

10 Ver mais em: SAES, 1973; CARDOSO, 1975; FURTADO, 1978; CANO, 1979; e DRAIBE, 1985.

tecnoburocráticos no interior do Estado com a alta administração das grandes empresas. As bases estruturais do padrão de intervenção na ditadura militar tiveram como pressuposto a realização de uma ampla reforma no interior do Estado. Entre 1964 e 1967, sobretudo, reformulou-se a estratégia econômica do Estado, com ampliação, após 1968, de empresas estatais. De outro, por intermédio da centralização do processo decisório, houve uma profunda reformulação das ações do setor público na esfera social. A reorganização da política social, com novos e regressivos meios de financiamentos (avanço da carga tributária indireta) e a adoção de procedimentos de unificação dos complexos de intervenção existentes (educação, habitação e saneamento, previdência, assistência social e saúde) na época, possibilitou ampliar a cobertura em um país em que a maior parte da população já vivia nas cidades, em um momento em que apenas havia começado a se apresentar uma transição demográfica.

Por força disso, por exemplo, a taxa de escolaridade na faixa etária de 7 a 14 anos passou de 45%, em 1960, para 80%, em 1980, com a elevação da quantidade de matrículas de 9,5 milhões para 18,5 milhões no mesmo período de tempo. No ensino superior, a expansão verificada, devido a um forte impulso dos estabelecimentos privados, permitiu que o país transitasse de apenas 1% dos jovens de 18 a 24 anos matriculados em 1960 para 8,3% em 1980.

Ao mesmo tempo, constatou-se um importante avanço no âmbito da previdência social. A quantidade de assegurados passou de 2,3 milhões para 5,3 milhões entre 1960 e 1980 a partir da agregação dos vários institutos setoriais urbanos de aposentadoria e pensão no Instituto Nacional de Previdência Social (INPS), bem como da criação do Funrural para trabalhadores rurais que permaneciam excluídos do sistema de proteção social e trabalhista brasileiro.

Na saúde também houve saltos importantes em termos de atendimento: entre 1970 e 1980, a internação hospitalar aumentou de 2,9 milhões para 11,7 milhões de pessoas atendidas, as consultas médicas de 44 milhões para 179 milhões e as odontológicas de 3,1 milhões para 34 milhões. Em grande medida, a construção da rede hospitalar foi parte significativa dessa atuação do Estado, uma vez que, entre 1960 e 1978, o número de hospitais pulou de 2.874 para 5.708, com elevação da quantidade de leitos de 257 mil para 475 mil.

Em síntese, a ampliação das estruturas do Estado desenvolvimentista em nova fase a partir do regime militar manteve o acesso da política social diretamente associado aos contribuintes portadores de postos de trabalho com carteira assinada (isto é, empregos formais). Em contrapartida, a população cuja inserção no mercado de trabalho era informal permaneceu praticamente excluída das políticas sociais.

Por outro lado, constatou-se também que uma parcela significativa do financiamento das políticas sociais se manteve contributiva, sem consequência direta para toda a população. Em função disso, o Banco Nacional de Habitação, que foi responsável, por exemplo, pelo financiamento de 4,5 milhões de moradias e que atendeu a 20 milhões de brasileiros entre 1964 e 1984, teve somente 5% dos empréstimos habitacionais direcionado às famílias com rendimento mensal de até três salários mínimos. Da mesma forma que houve avanços na estrutura do Estado para abranger ainda mais as ações na área social durante o regime militar, percebe-se também que houve o aumento da cobertura do saneamento, que passou de 54% para 86% dos domicílios urbanos particulares entre 1970 e 1984.[11]

Não obstante os avanços consideráveis na ossatura do Estado brasileiro, o Brasil chega ao final da década de 1980 com um importante descompasso entre o gigantismo econômico e as debilidades sociais. A escolaridade do conjunto da população era baixa, com 1/4 dos brasileiros com 15 anos ou mais analfabetos e com somente 3,9 anos de estudos.

Além disso, 45% da população encontrava-se em condição de pobreza absoluta e somente 50% dos ocupados estavam protegidos pelo sistema de proteção social e trabalhista. A mortalidade infantil ainda ceifava muitas vidas e a expectativa média de vida era de 60 anos, ainda que o Brasil alcasse o posto de oitava economia mundial, com um dos mais altos graus de concentração de renda e riquezas do mundo.

---

11 Para mais detalhes, ver: SORJ; ALMEIDA, 1983; MALLOY, 1986; CUNHA, 1991; e FAGNANI, 1997.

2.3 Considerações finais

A presença do Estado na economia brasileira encontra-se diretamente relacionada ao movimento mais geral dos países do centro dinâmico do capitalismo mundial. Não se trata de uma anomalia do sistema capitalista, tampouco de um estranhamento ao modo de funcionamento das economias de mercado, pois encontrou-se comprometimento com os destinos da acumulação de capital no país.

Nesse sentido, a construção do Estado e a montagem da industrialização brasileira convergem com movimentos mais amplos em curso no mundo, como, inicialmente, a dominância do modo de produção capitalista desde a década de 1880 e o abandono da escravidão e da monarquia.

Na sequência, há a transição da economia capitalista primário-exportadora para a urbana e industrial a partir da década de 1930. Sua industrialização, contudo, foi tardia. Durante as décadas de 1950 e 1960, as restrições presentes nessa época foram superadas pela consolidação do salto do capitalismo concorrencial para o monopolista.

O esforço para completar a industrialização contemplou uma forte ação estatal, combinada à internacionalização do parque produtivo com a presença das principais empresas multinacionais do centro dinâmico do capitalismo mundial. Em grande medida, o ciclo da industrialização brasileira, verificado entre as décadas de 1930 e 1980, foi demarcado por governos autoritários, marcados pela falta de democracia, o que resultou em um agravamento da questão social, mais notadamente da pobreza, desigualdade e exclusão.

3
Desindustrialização e setor produtivo no Brasil: experiência do pós-ditadura

No Brasil, o ideal liberal traduzido por Silvestre Pinheiro Ferreira e Hipólito da Costa no século XIX teve como principais adeptos os segmentos voltados para a economia da exportação e importação, sendo a maioria formada por latifundiários e escravistas interessados em combinar estruturas tradicionais de produção agrária com o livre comércio. Essa perspectiva correspondeu a mais de um século de existência, uma vez que se prolongou desde antes da independência nacional (1822) até o final da República Velha (1930).

Sua persistência no tempo, capaz de superar tanto o ingresso no modo de produção capitalista, com a soltura legal dos escravos a partir de 1888, como a transição da monarquia para a República, se mostrou viável somente durante a predominância da sociedade agrária. Com a passagem para a sociedade urbana e industrial, a ineficiência do Estado liberal tornou-se cada vez mais explícita, incapaz de justificar a continuidade do antigo e arcaico agrarismo.

A incompatibilidade ficou ainda mais explícita no final do Estado Novo (1937-1945) com a polêmica gerada entre a necessidade da industrialização do país defendida pelo líder industrial paulista Roberto Simonsen e a oposição agrarista presente na perspectiva liberal do economista carioca Eugênio Gudin Filho. O entusiasmo demonstrado inicialmente pelo governo de Dutra (1946-1951) se mostrou um verdadeiro "fogo de palha" frente à imediata e profunda frustração econômica pronunciada pela política econômica liberal.

Nem mesmo a passagem fulminante de Eugênio Gudin pelo ministério da Fazenda, entre setembro de 1954 e abril de 1955 no governo de Café Filho, permitiu que o liberalismo voltasse a triunfar na construção da sociedade urbana e industrial. Outra presença liberal ilustre no governo se deu com Roberto de Oliveira Campos na condição de Ministro do Planejamento no início da ditadura militar (1964-1985), cuja prática evidenciou a criação de 274 empresas estatais. Antes disso, no período denominado de populista, Roberto Campos havia sido um dos idealizadores da Petrobrás durante o governo de Getúlio Vargas (1951-1954), presidente do BNDES e participante do Plano de Metas no governo JK (1956-1961).

Com a crise da dívida externa, logo no começo dos anos 1980, as bases pelas quais a sociedade urbana e industrial encontravam-se sustentadas começaram a ruir. Uma das razões para isso foi o receituário do Fundo Monetário Internacional adotado pelo último governo da ditadura militar (João Figueiredo, 1979-1985), que gerou no ano de 1980 a primeira década perdida do século XX na economia brasileira, responsável pelo distanciamento dos avanços da Terceira Revolução Industrial e Tecnológica.

Com a estatização da dívida externa, o setor privado foi salvo de sua ineficiência. Em contrapartida, os seus encargos foram transferidos para o Estado, promovendo a recessão, desorganização das finanças públicas, superinflação e endividamento interno acompanhado da ciranda financeira, que corresponderam à parte da herança do regime autoritário.

Assim teve início o ciclo de reestruturação do setor produtivo estatal constituído nas cinco décadas anteriores de promoção do projeto de industrialização nacional. O primeiro movimento ocorreu entre os anos de 1981 e 1984, com a privatização de vinte empresas nos setores de papel e celulose (Rio Grande Cia. de Celulose do Sul, Florestal Rio Cell, Indústria Brasileira de Papel – Indrapel), têxteis (Cia. América Fabril, Fábrica de Tecidos Dona Isabel, Fiação e Tecelagem Lutfala), siderurgia (Nitriflex S/A – Indústria e Comércio, Cia. Bras. de Cimento Portland Perus), energia (Força e Luz Criciúma S.A.), complexo de audiovisual (Encine Audiovisual), gráfico (Editora José Olympio) e educação (Sindacta).

A receita gerada pela privatização foi estimada em US$ 274 milhões à época. Resultado direto da venda, em grande parte, das empresas privadas falimentares que tinham sido recuperadas anteriormente pelo

BNDES, houve um impacto negativo em 157 mil empregos. Por fazer parte da doutrina de Segurança Nacional, a privatização na ditadura não contemplou empresas que eram consideradas fundamentais para o desenvolvimento nacional e o fortalecimento do setor privado.

Na segunda metade da década de 1980, sob o governo civil de Sarney (1985-1990), que derivou da aliança entre PMDB e PFL, estabeleceu-se o segundo movimento do ciclo de reestruturação do setor produtivo estatal. Para tanto, a perspectiva de constituição de grandes *holdings* gestoras, conforme o modelo italiano do segundo pós-guerra, não vingou, resultando na privatização de dezoito empresas estatais, o que gerou uma receita de US$ 549 milhões e um impacto negativo de 82 mil empregos.

Na "Era dos Fernandos", entre 1990 e 2002, a prevalência do receituário neoliberal demarcou o terceiro movimento no ciclo de reestruturação do setor produtivo estatal. Foi, na realidade, uma profunda onda privatizante que produziu um grande resultado enquanto registro da segunda maior privatização do mundo, sendo inferior somente ao desmonte da URSS, uma vez que foram vendidas 123 empresas estatais com uma receita de US$ 75 bilhões e um impacto destrutivo de 546 mil empregos.

O discurso privatista da época tinha como argumento a ineficiência das empresas públicas, decorrente da inoperância administrativa e incompetência burocrática a onerar o fundo público. Com a privatização, dizia-se que o recurso público alocado originalmente nas empresas estatais seria transferido para as áreas sociais para beneficiar a população, sobretudo a parcela mais carente. Também foi disseminado que a desmontagem do setor produtivo estatal viabilizaria a constituição de grandes grupos privados com capacidade de competir no âmbito da economia mundial. Entretanto, nada disso aconteceu de fato.

Pela inserção passiva e subordinada efetuada ao longo dos anos 1990, o Brasil perdeu acesso às cadeias globais de valor, o que tornou impraticável a transferência de empresas estatais para o capital privado nacional. Por conta disso, grande parte da privatização terminou sendo conduzida pela presença do capital externo e de fundos públicos. Sem ter gerado a difusão de campeãs nacionais, uma parcela das empresas privadas foi incorporada pelas grandes corporações transnacionais. Além de elevar ainda mais consideravelmente a presença do capital externo no comando da economia nacional, o país perdeu a oportunidade de ampliar sua capacidade produtiva interna.

No decorrer dos anos 1990, o ingresso dos Investimentos Diretos Externos no Brasil se mostrou incapaz de elevar a taxa interna dos investimentos, o que resultou em um baixo dinamismo econômico nacional e uma elevada taxa de desemprego. Ao mesmo tempo, o endividamento do setor público alcançou um patamar inédito, concomitantemente ao desencadeamento antecipado da desindustrialização.

Nos governos pós-neoliberais (2003-2016), a reestruturação do Estado contou com a criação de 43 novas empresas públicas, representando a nítida reversão do sentido privatizante herdado do período anterior. Ao mesmo tempo em que constituiu a quarta fase do ciclo da reestruturação do setor produtivo estatal, ela mostrou ser fundamental para garantir a expansão econômica mais acelerada pela elevação na taxa de investimento e, por consequência, a aproximação do pleno emprego, baixa inflação e redução da dívida pública em relação ao PIB.

Tudo isso, contudo, se apresentou insuficiente para interromper o processo de desindustrialização precoce, o que terminou agilizando a passagem antecipada para a sociedade de serviços. No desmonte da antiga sociedade urbana e industrial, os sujeitos históricos associados à defesa do papel do Estado na economia foram consequentemente fragilizados. Um sinal desse processo pode ser observado desde o golpe de Estado de 2016, que abriu a quinta fase do ciclo de reestruturação do setor produtivo estatal, isto é, a ampla asfixia do Estado e o desmonte do setor produtivo estatal, com transferência para empresas estrangeiras, privadas ou estatais.

Com a alteração da correlação de forças no interior da composição da classe dominante, o papel do Estado como empreendedor e prestador de serviços públicos encontra-se comprometido. Pela ascensão da burguesia comercial, mais preocupada em comprar barato para vender caro, a retomada do receituário neoliberal favoreceu tanto o capital rentista como a produção do agronegócio para a exportação, ambos interessados no aprofundamento das teses do livre comércio.

Diante disso, trata-se de rapidamente recuperar a experiência da industrialização brasileira para, na sequência, considerar o movimento da desindustrialização precoce em curso desde o início da década de 1980. Ao final, especula-se a respeito das perspectivas disso para o país.

3.1 Industrialização tardia na periferia: cenário externo e decisões internas no Brasil

Após quatrocentos anos percorridos por três longos ciclos de produção primário-exportadora impulsionados a partir do exterior, o Brasil ingressou no século XX com a sua economia operando na forma de arquipélago constituído por enclaves produtivos regionais. Foi somente com a Revolução de 1930 que ficou aberta a possibilidade política de implantação, pela primeira vez, de um projeto de desenvolvimento econômico e de sociedade urbana e industrial de dimensão nacional.

Entre as décadas de 1930 e 1980, o encadeamento da industrialização permitiu transformar profundamente a sociedade brasileira diante do dinamismo da economia nacional, considerada uma das mais dinâmicas do mundo. O êxito da industrialização tardia esteve associado a pelo menos duas razões principais: (i) o contexto externo positivo; e (ii) as decisões acertadas tomadas internamente.

A combinação simultânea no tempo dessas duas razões parecia antecipar para o presente "as esperanças de uma civilização futura", conforme enunciou Stefan Zweig, em 1941, em seu livro *Brasil, um país do futuro*. Por conta disso, recuperam-se, ainda que brevemente, os elementos fundantes da constituição da industrialização tardia a partir da Revolução de 1930 no país.

Depois do fabuloso desempenho econômico por meio século de contínua industrialização, o Brasil passou a conviver com novos condicionantes internos e externos. O resultado final foi a interrupção do projeto desenvolvimentista na periferia do capitalismo mundial.

3.1.1 A positividade do cenário externo

Na perspectiva de análise *ex-post* da industrialização brasileira, é possível perceber o quão positivo foi o cenário externo vigente entre as décadas de 1930 e 1970. Logo, são destacados os aspectos principais que poderiam ser identificados como favoráveis à industrialização tardia ocorrida em poucos países periféricos do capitalismo mundial.

Nesse sentido, enfatiza-se a importância da estabilidade tecnológica no padrão de produção entre as décadas de 1930 e 1970, pois ela se apresentou fundamental para viabilizar a internalização da moderna manufatura gerada pela Segunda Revolução Industrial e Tecnológica no final do século XIX, especialmente em países de agrarismo primitivo como o vigente no Brasil até a década de 1920.

A constância tecnológica no mundo não teria sido suficiente para difundir a industrialização para além do centro do capitalismo avançado sem o interregno da primeira onda de globalização,[1] quando a desmontagem do antigo sistema imperial vigente entre as décadas de 1920 e 1970 abriu inédito espaço para a conversão do antigo colonialismo no novo sistema interestatal capitalista. Dessa forma, o final da Segunda Guerra Mundial foi acompanhado pela conformação da Assembleia das Nações Unidas, que validou a transição mundial de menos de cinquenta países para mais de duzentos Estados nacionais com organização e regulação internas favoráveis a diversas políticas públicas nas áreas de educação, saúde, trabalho, transporte, entre outras.

---

1 A experiência do desenvolvimento capitalista até as duas grandes guerras mundiais (1914-1918 e 1939-1945), por valorizar a relação de Impérios com suas colônias e com a escassa presença de países independentes, praticamente impossibilitava a existência de políticas nacionais generalizadas (saúde, trabalho, educação e outras) que não fossem aquelas presentes na agenda liberal do estado mínimo (monopólios da violência, tributação e moeda). Ver mais em: MANDEL, E. *Tratado de economia marxista*. 2 vols. México: E. Era, 1972; SANTIN, J.; RAYMOND, H. *La acumulación del capital y sus crisis*. Madri: Akal, 1986; TRÓTSKI, L. *Naturaleza y dinámica del capitalismo y la economía de transición*. Buenos Aires: Ceip León Trotsky, 1999; ROLSDOLSKY, R. *Gênese e estrutura de O Capital de Karl Marx*. Rio de Janeiro: EDUERJ/Contraponto, 2001; GILL, L. *Fundamentos y límites del capitalismo*. Madri: Trotta, 2002; e SHAIKH, A. *Valor, acumulación y crisis*. Buenos Aires: ERR, 2007.

Embora desigual, o desenvolvimento capitalista do pós-Segunda Guerra se caracterizou por trinta gloriosos anos ao conjunto dos países do centro dinâmico sob o comando dos Estados Unidos. De certa forma, as duas grandes guerras mundiais expressaram o extremo da violência capitalista na acirrada disputa entre Alemanha e Estados Unidos, as duas principais potências emergentes da Segunda Revolução Industrial e Tecnológica, pela superação da longa hegemonia inglesa desde o século XVIII, durante a Primeira Revolução Industrial e Tecnológica.

Diferentemente do domínio inglês, os Estados Unidos lideraram a reorganização capitalista entre o final da Segunda Guerra Mundial até a década de 1970, quando o movimento rentista e especulativo das finanças esteve submetido ao Acordo de Bretton Woods (1944). Taxas de juros estáveis, geralmente abaixo da inflação, câmbio fixo para o padrão monetário do dólar conversível ao ouro e instituições multilaterais para a promoção do comércio mundial e da regulação da competição nos fluxos financeiros garantiram possibilidades de expansão econômica inclusive para os países periféricos.

Diante da corrida armamentista instalada pela Guerra Fria (1947--1991) entre os blocos capitalistas, liderados pelos Estados Unidos, e socialistas, comandados pela URSS, transcorreu o deslocamento generalizado do antigo Estado mínimo liberal para o novo e grandioso Estado de bem-estar social, ou variações dele (providência, industrial, desenvolvimentista, entre outras denominações) na maior parte dos países. Nessas circunstâncias favoráveis, as grandes empresas dos países do centro dinâmico precisaram ir além das iniciativas de exportação para ampliar o acesso aos mercados externos.

Para tanto, foi necessária a internacionalização das grandes empresas na forma de operações multinacionais que, ao deslocar suas plantas industriais para os principais países do mundo, promoviam a ampliação dos investimentos diretos no exterior. O resultado foi a passagem da antiga industrialização retardatária do século XIX, conforme alguns poucos países (Alemanha, França, Estados Unidos, Itália, Bélgica, Japão e Rússia) conseguiram realizar a partir da industrialização originária inglesa do século XVIII, para a industrialização tardia em poucas nações da periferia capitalista ao longo do século XX.[2]

3.1.2 Os acertos nas decisões internas

A inserção sob a condição de periferia no capitalismo mundial impôs limites de partida à soberania nacional, especialmente quando se tratavam de decisões internas com natureza antissistema. Nesse sentido, o período do entreguerras mundiais (1914-1945), sobretudo no decorrer da Depressão de 1929, abriu uma "janela de oportunidades" para ações nacionalistas em defesa da produção e emprego interno em novas bases.

Conforme destacado anteriormente, o contexto externo se mostrou favorável à internalização do padrão de produção de manufaturas proveniente da Segunda Revolução Industrial e Tecnológica. Mas isso, por si só, não seria suficiente a qualquer nação, uma vez que, ao longo do século XX, a industrialização tardia se concretizou em um reduzido contingente de países periféricos ao capitalismo mundial.

No caso brasileiro, convém revisitar o conjunto de acertos derivados das decisões internas que potencializaram oportunidades abertas externamente para a passagem do primitivo e longevo agrarismo à moderna sociedade urbana e industrial. A começar pelos efeitos diretos e indiretos provenientes da Depressão econômica mundial de 1929, que terminaram por enfraquecer as bases materiais, políticas e institucionais que sustentavam a infraestrutura da sociedade agrária.

Com a Revolução de 1930, a ascensão de novos grupos sociais convergentes com o projeto urbano e industrial, como os tenentistas, por exemplo, protagonizou outra perspectiva para o desenvolvimento capitalista não

---

2 Mais detalhes em: MELLO, J. *O capitalismo tardio.* São Paulo: Brasiliense, 1982; MARX, K. *Contribuição à crítica da economia política.* 2. ed. São Paulo: Martins Fontes, 1983; AMSDEN, A. "Third World Industrialization: 'Global Fordism' or a New Model?". *New Left Review*, 182, jul. 1990; MANDEL, E. *A crise do capital: Os fatos e sua interpretação marxista.* São Paulo: Ensaio, 1990; TAVARES, M.; FIORI, J. (Orgs.). *Poder e dinheiro: Uma economia política da globalização.* Petrópolis: Vozes, 1997; e OLIVEIRA, C. *Processo de industrialização: Do capitalismo originário ao atrasado.* São Paulo: Unesp, 2002.

destoante do curso de consolidação da hegemonia estadunidense. Para tanto, houve o afastamento estratégico da dependência inglesa, que desde a Primeira Guerra Mundial emitia sinais de sua decadência.[3]

Diante disso, e por meio século, o Brasil saltou da economia meramente agroexportadora e dependente da importação de bens manufaturados para uma sociedade industrial moderna. Ainda que guardasse especificidades decorrentes do subdesenvolvimento, tendo em vista a postergação *ad infinitum* das reformas clássicas do capitalismo contemporâneo (agrária, tributária e social), o país conseguiu chegar ao final da década de 1970 integrado ao centro do capitalismo mundial enquanto economia de renda média e industrialização avançada, embora não plenamente completa.[4]

Ademais, a montagem de uma cadeia produtiva extensa, diversificada e articulada, com estrutura social complexa formada por uma ampla classe média assalariada e uma numerosa e qualificada classe

---

3   Ao contrário da Argentina, que se manteve vinculada à Inglaterra por mais tempo e, por isso, colheu resultados negativos, como a decisão de se manter associada ao padrão libra-ouro, o Brasil, sob o governo provisório de Getúlio Vargas, abandonou imediatamente o sistema monetário inglês, desvalorizou a moeda nacional e implantou programa anticíclico keynesiano *avant la lettre*. No pragmatismo varguista, a década de 1930 registrou relações ora com a Alemanha, ora com os Estados Unidos, até o acerto final com este último, a partir da adoção de medidas de apoio à industrialização de base brasileira, como a tecnologia para a instalação da Companhia Siderúrgica Nacional. Sobre a Revolução de 1930 e decisões do governo de Getúlio Vargas, ver: FAUSTO, B. *Revolução de 1930: Historiografia e História*. São Paulo: Companhia das Letras, 1997; DRAIBE, S. *Rumos e Metamorfoses: Estado e Industrialização no Brasil 1930-1960*. Rio de Janeiro: Paz e Terra, 2004; BASTOS, P.; FONSECA, P. (Orgs.). *A Era Vargas: Desenvolvimentismo, economia e sociedade*. São Paulo: Unesp, 2012; CANO, W. "Crise de 1929: Soberania na política econômica e industrialização". In: PRADO, L. (Org.). *Desenvolvimento econômico e crise: Ensaios em comemoração aos 80 anos de Maria da Conceição Tavares*. Rio de Janeiro: Contraponto/CICF, 2012; e NETO, L. *Getúlio do Governo Provisório à Ditadura do Estado Novo 1930-1945*. São Paulo: Companhia das Letras, 2013.
4   Sobre a incompletude da industrialização brasileira, ver: TAVARES, M. *Acumulação de capital e industrialização no Brasil*. Campinas: Unicamp, 1986; FURTADO, J. *Produtividade na indústria brasileira: Padrões setoriais e evolução – 1975/80*. Campinas: UNICAMP/IE, 1990; COUTINHO, L.; SUZIGAN, W. (Orgs.). *Desenvolvimento tecnológico da indústria e a constituição de um sistema nacional de inovação no Brasil*. Campinas: UNICAMP/IE/NEIT, 1991; e COUTINHO, L.; FERRAZ, J. C. (Coords.). *Estudo da competitividade da indústria brasileira*. Campinas: Papirus/Ed. Unicamp, 1994.

trabalhadora, somente se tornou possível com a ação indutora e planejada do Estado brasileiro. Mesmo assim, o projeto desenvolvimentista teve que conviver com pelo menos duas concepções distintas de funcionamento entre as décadas de 1930 e 1970.

De um lado, havia a via do crescimento econômico associado ao fortalecimento estatal e da empresa privada nacional, com ampliação dos direitos sociais, redistribuição de ganhos de produtividade e proposições de natureza reformista ao desenvolvimento capitalista. As experiências dos governos de G. Vargas (1930-1945 e 1951-1954) e J. Goulart (1961-1964) guardaram relações com as ideias do empresário Roberto Simonsen e de assessores político-econômicos, como I. Rangel, C. Furtado, R. de Almeida, C. Leite, J. Pereira e outros identificados como as visões cepalinas e isebianas dos anos de 1950 e início da década de 1960.

De outro lado, havia o encaminhamento da expansão produtiva nacional, aliado à internalização de investimentos diretos do exterior, com certa dose retórica liberal, democrática ou não, despreocupada, no entanto, com a concentração de renda e desigualdades exacerbadas. As experiências dos governos como o de Juscelino Kubitschek (1956-1961) e o da ditadura militar servem de exemplos a respeito do ideário e das ações praticadas por ministros como L. Lopes (1958-1959), R. Campos (1964-1967), A. Delfim Neto (1967-1973), R. Velloso (1969-1979), entre outros.

A diversidade na orientação do projeto de industrialização e urbanização nacional expressou, de certa forma, as consequências do acordo de 1937, que resultou no Estado Novo (1937-1945). Em uma sociedade polarizada, a presença militar na política enfrentou o polo de forças derivadas da contrarrevolução oligárquica do agrarismo de 1932, que visava recorrentemente o retorno ao antigo modelo da economia primário-exportadora.[5]

---

5   No caso brasileiro, a defesa do liberalismo se mostrava contrária à intervenção estatal e à crença de que a elevação natural da produtividade agrícola liberasse gradativamente mão de obra para a progressão espontânea da produção industrial. Ademais, a existência do pleno-emprego, conforme apregoado pelos teóricos liberais das décadas de 1930 e 1970, eliminaria a necessidade das políticas industrializantes. Sobre isso, ver mais em: SIMONSEN, R.; GUDIN, E. *A controvérsia do planejamento na economia brasileira*. Rio de Janeiro: IPEA/INPES, 1977; e BIELSCHOWSKY, R. "Eugênio Gudin". *Estudos Avançados*, 15 (41), jan.-abr. 2001 (São Paulo).

Pelo Estado Novo, a modernização capitalista se fez conservadora, e sua tutela militar, em várias oportunidades, permitiu manter o curso da marcha forçada da expansão na sociedade urbana e industrial. O projeto do Brasil Grande explicitou o acordo original entre Getúlio Vargas e militares que inspirou o Estado Novo em torno do entendimento de que, sem industrialização nacional, não haveria Forças Armadas no exercício da função de ordem interna e de defesa soberana da nação, salvo o tipo até então vigente do exército colonial, dependente da importação de tecnologia e do armamento de defesa.

Desde seu início, associado à substituição da importação de bens manufaturados, em parte voltada ao atendimento do padrão de consumo dos ricos, a industrialização avançou e superou as restrições vinculadas à importação tecnológica de máquinas e equipamentos diante dos limites da capacidade primário-exportadora do agrarismo até os anos 1950. Posteriormente, e a um só golpe, a industrialização pesada estabeleceu sua dinâmica própria entre as principais do mundo até o final da década de 1970.

3.2 Desindustrialização precoce: cenário externo e decisões internas no Brasil

Após meio século de expansão econômica contínua e acelerada, que mudou estruturalmente a sociedade do antigo primitivismo agrário para a modernidade urbana e industrial, o Brasil percorreu quatro décadas seguintes de semiestagnação da renda nacional por habitante. Nessa circunstância, aflorou a precocidade da desindustrialização que antecipou a transição para a sociedade de serviços, com inegável alteração interna e em relação ao mundo, a começar pela reversão de sua participação na Divisão Internacional do Trabalho, que deixou de ser a de um país com estrutura produtiva majoritariamente manufatureira para voltar à antiga e longeva experiência agroexportadora de menor valor agregado. Coincidentemente, houve o inédito registro de duas décadas perdidas (1980 e 2010) permeadas por três drásticas recessões econômicas que terminaram por desconstituir as bases materiais e funcionais da industrialização nacional.

Nesse sentido, a contração geral das atividades econômicas impostas por recessões em certos períodos de tempo retraiu a taxa média de lucro e os investimentos produtivos, com aumento nos custos unitários de produção diante da elevação na capacidade ociosa e ampliação das falências, concordatas, fusões e aquisições empresariais. O aumento no grau de monopólio resultou, de maneira geral, da recessão decorrente do programa de ajustes econômicos protagonizados pelo FMI, com a desvalorização de capitais, destruição dos meios de produção, descarte de mercadorias e o encadeamento de estratégias empresariais defensivas.

A recessão datada entre 1981 e 1983 registrou a forma da curva em W, pois se caracterizou como duplo mergulho (*double-dip*), uma vez que, após uma queda significativa do nível de atividade econômica, houve alguma recuperação até voltar a cair novamente – sete anos depois – em outra recessão no período de 1990 a 1992. Ainda que tivessem naturezas distintas, as duas recessões se concentraram em termos de retração no setor manufatureiro e na adoção de estratégias empresariais defensivas justamente quando se encontrava em curso no mundo a Terceira Revolução Industrial e Tecnológica e o inescapável acirramento da competição provocado pela globalização conduzida pelas grandes corporações transnacionais.

Quase um quarto de século depois, a economia brasileira entrou novamente em recessão, cujo formato da curva em "L" apontou para algo mais severo quando o nível de produção não voltou a crescer por vários anos. Mesmo depois da fase profundamente recessiva de 2015 a 2016, o nível de atividade se manteve relativamente anêmico, sem forças para se recuperar, concretizando outra década perdida, com enorme impacto contracionista ao que restava da industrialização no país.

Mas, para além das decisões internas, ao que parece, equivocadas em seu conjunto, o contexto externo não se apresentou favorável.

Diferentemente das décadas de 1920 e 1970, quando perdurou o interregno do período imperialista, assistiu-se desde os anos 1980 o avanço da decadência relativa dos Estados Unidos, acompanhado das reações em torno da propagação neoliberal da globalização dos capitais.

Com relação à ascensão alemã e japonesa, as disputas intrablocos nos países centrais foram exitosas para os Estados Unidos nos anos 1980. As disputas também foram favoráveis aos Estados Unidos no que concerne ao bloco das nações da Guerra Fria, em especial à União Soviética, que começou a ruir em 1989 com a queda do muro de Berlim e teve seu desmoronamento final em 1991.

Quase duas décadas depois do final da Guerra Fria, não apenas a globalização neoliberal foi exposta à profunda crise em 2008, como a China se apresentou como uma alternativa em construção para a nova centralidade mundial por sua força comercial, produtiva e tecnológica. Ainda que seja inferior em termos militares e monetários, o país propaga com rapidez programas de integração internacional como a Rota da Seda, uma espécie de Plano Marshall chinês para a terceira década do século XXI.

3.2.1 A negatividade do cenário externo

As economias capitalistas avançadas, que registraram formidável e contínuo desempenho econômico entre os anos de 1945 e 1975, começaram a apontar certa desaceleração desde então. Os sinais do declínio se afirmaram a partir da segunda metade da década de 1970.

A partir de 1980, a economia estadunidense ingressou em uma fase de ajustes estruturais que representou a inversão do comportamento prevalecido anteriormente. Diante de três derrotas sucessivas na década de 1970 (econômica, com o fim da conversibilidade do dólar em ouro, em 1973; militar, na guerra do Vietnã, em 1975; e energética, na Revolução Iraniana, em 1979), os Estados Unidos se reposicionam radicalmente, interna e externamente, com a vitória de Ronald Reagan nas eleições presidenciais de 1980.

Na recuperação do dólar enquanto moeda de curso internacional fragilizada desde o abandono do acordo de Bretton Woods (taxa de câmbio fixo e juros estáveis e abaixo da inflação), os Estados Unidos promoveram uma brutal elevação na taxa de juros, concedendo ao FED, o seu Banco Central, a função de coordenação e centralização das altas finanças mundiais. Na questão militar, a formação de uma significativa onda de investimentos na área de inovação tecnológica inaugurou a estratégia da guerra cibernética nas forças armadas estadunidenses para dominar os demais países.[6]

Por fim, em relação ao tema energético, os Estados Unidos passaram a focalizar ações de sua política externa no Oriente Médio. Para tanto, a concentração de esforços conteve uma diversidade de operações de Estado (militares, de inteligência e intervenção governamental, entre outras) em busca de segurança na exploração e uso do petróleo.

Tudo isso produziu um inegável êxito em termos da retomada hegemônica estadunidense, enquadrando a Alemanha e o Japão, e contribuiu para o desmoronamento soviético, o que resultou também em repercussões internas e externas desfavoráveis decorrentes das políticas neoliberais.

Do lado interno, a liberdade para a elevação na taxa de juros estimulou a concentração de recursos produtivos em aplicações financeiras, aprofundando a financeirização improdutiva da riqueza. Também o ajuste fiscal de alívio tributário às grandes empresas e de reorientação por parte importante dos recursos orçamentários contribuiu para a promoção da guerra cibernética por meio de grandes oligopólios privados globais em tecnologias de informação e comunicação. Em compensação, isso elevou o grau de endividamento público, deslocou investimentos produtivos privados internos para o exterior e gerou profunda desigualdade e precarização ocupacional, tornando ainda mais distante a universalização do *American way of life*.

---

6 Ver: MANDEL, E. *O capitalismo tardio*. São Paulo: Abril Cultural, 1982; STEINDL, J. *Maturidade e estagnação no capitalismo americano*. São Paulo: Abril Cultural, 1983; TAVARES, M.; FIORI, J. *(Des) Ajuste global e modernização conservadora*. Rio de Janeiro: Paz e Terra, 1993; TEIXEIRA, A. *O ajuste impossível*. Campinas: UNICAMP/IE, 1993; FIORI, J. (Org.) *O Poder americano*. Petrópolis: Vozes, 2007; e HARVEY, D. *O enigma do capital e as crises do capitalismo*. São Paulo: Boitempo, 2011.

Do lado externo, a desmobilização de sua presença em diferentes regiões do mundo face à concentração das atenções no Oriente Médio permitiu, sobretudo a partir dos anos 1990, a emergência da industrialização asiática, especialmente na China. Ao mesmo tempo, o aparecimento de governos não alinhados à tradicional subordinação estadunidense na América Latina concedeu espaço e oportunidade para a conformação de novas áreas de cooperação e progresso econômico, comercial, monetário, tecnológico e militar no âmbito das relações Sul-Sul.

Assim, o universo da unipolaridade estadunidense, constituída desde os anos 1980, foi gradualmente convertido no mundo multipolar. A crise global de 2008 tornou evidente o quanto a estratégia neoliberal estadunidense havia se esgotado e o quanto o país estava cada vez menos hegemônico no progresso econômico, comercial e tecnológico.[7]

Embora continuassem majoritárias em termos de concentração da estrutura dos mercados, as grandes e principais corporações transnacionais com sede nos EUA foram se afastando do sistema nacional de produção, contribuindo para o avanço da desindustrialização naquele país. Além disso, o vício da financeirização da riqueza, que suga recursos orçamentários, tornou crescentemente atrasado o conjunto das infraestruturas econômicas e sociais.

Nesse cenário externo de acirramento nas disputas de dominação hegemônica, com instabilidade tecnológica, importantes contradições foram sendo replicadas tanto no centro como na periferia do capitalismo mundial. Por outro lado, o sistema interestatal, protagonizado desde o fim da Segunda Guerra Mundial, sofreu questionamentos constantes das fronteiras e soberania dos Estados nacionais.

---

7 Ver: TAVARES, M. "Ajuste e reestruturação nos países centrais: A modernização conservadora". *Economia e Sociedade*, 1: 21-57, ago. 1992 (Campinas); CHESNAIS, F. (Org.). *A mundialização financeira: Gênese, custos e riscos*. São Paulo: Xamã, 1998; FIORI, J. (Org.) *Estados e moedas no desenvolvimento das nações*. Petrópolis: Vozes, 1999; FIORI, J.; MEDEIROS, C. (Orgs.). *Polarização mundial e crescimento*. Rio de Janeiro: Vozes, 2001; BRUNHOFF, S. et al. *A finança capitalista*. São Paulo: Alameda, 2010; HARVEY, D. *O novo imperialismo*. 6. ed. São Paulo: Loyola, 2012; e BELLUZZO, L. *O capital e suas metamorfoses*. São Paulo: Unesp, 2013.

De maneira geral, as corporações transnacionais, diferentemente do estágio anterior das empresas multinacionais de certo respeito às políticas nacionais, orientam suas decisões de investimento com base nos países de estrutura produtiva de menores custos operacionais (fiscais, sociais, trabalhistas e regulação ambiental). Ao mesmo tempo, a crescente interferência nos processos eleitorais internos, com práticas corruptas para além dos negócios, levou à maior subordinação da política aos interesses econômicos.

Por conta disso, o descrédito se generalizou nas instituições nacionais, bem como na própria democracia liberal, que havia sido estimulada desde o fim da Segunda Guerra Mundial. A retomada de velhas práticas nacionalistas, xenófobas e neofascistas expressam mais recentemente a negatividade do cenário internacional para um capitalismo de baixo dinamismo econômico, promotor da insustentabilidade ambiental e concentrador de renda, riqueza e poder.

3.2.2 Os equívocos nas decisões internas

Pela facilidade de acesso à liquidez externa, a ditadura civil-militar optou por substituir a necessária reforma no tacanho sistema financeiro nacional pela absorção da parte crescente da liquidez internacional para financiar a expansão econômica na década de 1970. Assim, o Brasil conseguiu responder ao declínio registrado nas economias capitalistas avançadas por meio do impulso à industrialização nacional com base no II Plano Nacional de Desenvolvimento (1975-1979).

Todavia, essa opção dos governos autoritários se mostrou, na sequência, equivocada, uma vez que reforçou políticas industriais da Segunda Revolução Industrial, enquanto o centro capitalista avançava para a Terceira Revolução Tecnológica. Ao mesmo tempo, o bônus gerado pela absorção de parte da liquidez internacional para o financiamento de atividades produtivas, sem capacidade de gerar bens e serviços exportáveis, se transformou em ônus da gestão do crescente endividamento externo.

Com a política de recuperação hegemônica dos Estados Unidos desde 1980, o Brasil passou a se defrontar com uma grave crise de sua dívida externa. A saída derivada dos acordos com o Fundo Monetário Internacional (FMI) traduziu-se em uma espécie de "abertura para fora", cuja conquista de novos mercados externos seria a prioridade para a expansão não mais pelo mercado interno.[8]

Como o objetivo governamental era o de alcançar saldos comerciais consistentes com a necessidade de pagamento dos serviços do endividamento externo, as restrições à importação se mostraram tão importantes quanto os estímulos às exportações. De fato, o país precisou gerar excedentes comerciais por 25 anos para saldar os compromissos da dívida externa, acumulada no período da ditadura, pois somente em 2007 o país deixou de ser devedor para se tornar credor do FMI.

Sobre isso, requer considerar os dois grandes equívocos produzidos pelo último governo militar (Gen. Figueiredo, 1979-1985) em relação ao endividamento externo. O primeiro ocorreu com a estatização das dívidas privadas, o que fez com que o Estado central impulsionasse a propagação da dívida interna, siamesa da externa, e parceira da financeirização da riqueza rentista.[9] O segundo se deu pela opção da recessão, que afetou forte e

---

8 Sobre isso, ver em: TAVARES, M.; ASSIS, J. *O grande salto para o caos*. Rio de Janeiro: Zahar, 1985; SUZIGAN, W. (Coord.). *Reestruturação industrial e competitividade internacional*. São Paulo: SEADE, 1989; FERREIRA, C. et al. *O ajuste da grande empresa privada nos anos 80*. Campinas: UNICAMP/IE, 1990; RUIZ, R. *Estratégia empresarial e reestruturação industrial 1980-1992: Um estudo de grupos econômicos selecionados*. Campinas: UNICAMP/IE, 1994; e SARTI, F. *Evolução das estruturas de produção e de exportação da indústria brasileira nos anos 80*. Campinas: UNICAMP/IE, 1994.

9 Com uma dívida externa relacionada ao PIB mais ampla que a brasileira, a Coreia do Sul privatizou os bancos públicos endividados internacionalmente e estimulou a fusão e aquisição de grupos privados endividados com empresas exportadoras, o que permitiu superar o problema e voltar a crescer rapidamente e investir fortemente na Terceira Revolução Industrial e Tecnológica. Sobre isso, ver mais em: EVANS, P.; TIGRE, P. "Estratégias de desenvolvimento de indústrias de alta tecnologia: Análise comparativa da informática no Brasil e na Coreia do Sul". *Revista Brasileira de Economia*, 43 (4): 549-73, 1989 (Rio de Janeiro: FGV); CANO. W. "A desindustrialização no Brasil". *Economia e Sociedade*, 21: 831-851, ago. 2012 (Campinas); e POCHMANN, M. *Brasil sem industrialização: A herança renunciada*. Ponta Grossa: UEPG, 2016.

negativamente o setor industrial, dependente da expansão do mercado interno, ao passo que beneficiou o agronegócio, que era voltado fundamentalmente para as exportações. Pela opção da geração de saldos comerciais por meio da "abertura para fora, com fechamento para dentro", o resultado foi a ampliação do grau de monopólio das empresas que operavam no Brasil.

Sem praticamente haver mais o risco da competição proveniente da abertura para as importações, a trajetória explosiva da inflação se confirmou até 1994, posicionando o Brasil entre os países com um processo hiperinflacionário mais longevo do mundo. Além disso, sem capacidade de crescer pelo mercado interno, a taxa de investimento caiu consideravelmente concomitante com a identificação de que os anos 1980 consagraram a primeira década perdida do século XX para a economia nacional.

Nos anos 1990, novos equívocos terminaram sendo cometidos ao longo da inserção passiva e subordinada na globalização neoliberal. Isso começou pelo programa de "abertura para dentro" praticado durante a "Era dos Fernandos" (Collor, 1990-1992, e Cardoso, 1995-2002), quando as condições internas de competição se tornaram demasiadamente desfavoráveis ao setor industrial.

A segunda recessão praticada entre 1990 e 1992 associou-se à exposição repentina e sem planejamento do setor manufatureiro ao exterior, o que levou, como impacto imediato, à instauração do processo precoce da desindustrialização nacional. Com taxas de juros reais elevadas e câmbio valorizado, sobretudo desde o Plano Real (1994), que havia debelado a superinflação, as importações tornaram-se muito mais atrativas aos empresários, substituindo consideravelmente parte crescente da produção nacional.

Diante das importações crescentes com exportações decrescentes, o déficit comercial apareceu e passou a depender da entrada de recursos externos (Investimento Direto do Exterior, ou IDE). O ingresso de recursos externos, contudo, não encontrou estímulo no investimento na produção para o mercado interno face aos elevados juros reais, tampouco na exportação, tendo em vista a valorização cambial predominante.[10]

---

10 Ao contrário do Brasil, que perseguiu subordinadamente a inserção internacional na década de 1990, que praticamente inviabilizou a integração produtiva nas cadeias mundiais

Salvo na compra de empresas estatais privatizadas e aquisições e fusões com empresas nacionais privadas, os Investimentos Diretos do Exterior terminaram concentrando-se mais nas aplicações financeiras altamente rentáveis pela elevada taxa real de juros. Com isso, o quadro de semiestagnação da renda por habitante expressou tanto o avanço da desindustrialização precoce como a transição antecipada para a sociedade de serviços, com alto desemprego aberto e ocupação cada vez mais precarizada.[11]

Por fim, afloraram mais equívocos implícitos na terceira recessão, provocada na economia brasileira entre 2015 e 2016, que praticamente aniquilaram o que ainda restava da burguesia industrial. Não obstante, diante dos avanços governamentais alcançados nos anos 2000, que se mostraram capazes de estancar relativamente a desindustrialização com estímulos ao mercado interno e às exportações pela política externa altiva e ativa, a regressão recessiva se mostrou fatal, especialmente no setor secundário da economia, constituído pelas indústrias de transformação e construção civil.

Nesse cenário de forte retomada do neoliberalismo, os setores privilegiados foram os especulativos associados ao mercado financeiro e bursátil, sem aderência na estrutura produtiva. O que restou disso relacionava-se com a dependência ao agronegócio exportador e aos serviços cada vez mais reprodutores da precarização da força de trabalho em excesso às necessidades da acumulação de capital.

---

de valor, a China utilizou-se da globalização para internalizar planejadamente os IDE com parcerias e *joint venture* com empresas nacionais, modernizando e ampliando sua estrutura de produção aliada à conformação do seu sistema nacional de inovação, capaz de superar limites do modelo de socialismo soviético. Ver mais em: NOLAN, P. *Is China Buying the World?*. Cambridge: Polity Press, 2012; POCHMANN, M. *op cit*, 2016; e JABBOUR, E. *China: Socialismo e desenvolvimento, sete décadas depois*. São Paulo: A. Garibaldi, 2019.

11   Sobre isso, ver mais em: ALMEIDA, J.; BELLUZZO, L. *Depois da Queda: A economia brasileira da crise da dívida aos impasses do Real*. Rio de Janeiro: Civilização Brasileira, 2002; SILVA FILHO, M. et al. (Orgs.). *Financiamento das corporações: Perspectivas do desenvolvimento brasileiro*. Brasília: IPEA, 2013; NOVAES, L. et al. (Orgs.). *A economia brasileira no contexto da crise global*. São Paulo: Fundap, 2014.

Desde o Golpe de Estado de 2016, a desmobilização estatal, seja pela privatização de empresas e serviços públicos ou pela redução dos direitos sociais e trabalhistas, tem reduzido os custos de produção, compostos fundamentalmente pela renda do trabalho, o que desanima a expansão do consumo no mercado interno em qualquer país. Em função disso, a condição de semiestagnação da renda *per capita* prevalece sem fontes internas de dinamismo, salvo o aparecimento de algum milagre externo, conforme predominava no Brasil até a década de 1920.

3.2.2 Reposicionamento estatal no mundo

A resposta do governo do PT (2003-2015) à globalização neoliberal imposta pela "era dos Fernandos" apontou para o reposicionamento nacional que ampliava as relações externas até então centradas nas regiões Norte do planeta. Devido a isso, a presença externa brasileira modificou-se substancialmente, resultado de inúmeras ações e repercussões adotadas no âmbito das relações Sul-Sul.

Exemplos disso foram as iniciativas governamentais direcionadas ao fortalecimento externo do setor produtivo nacional. A partir daí, as críticas equivocadamente fundadas na ideia de preferência estatal pela formação de campeãs nacionais se transformaram em uma reação concretamente articulada interna e externamente para promover a ruína do protagonismo do Brasil no cenário internacional.

Desde 2014, o lavajatismo conseguiu destruir parte significativa do setor produtivo e empregador nacional, desmontando o ineditismo da atuação do capital estatal no formato transnacional. Até mesmo a CPI parlamentar foi constituída para atender aos ditames dos porta-vozes do dinheiro parasita e da mídia comercial vassala dos interesses forâneos.

Desfeita a fantasia no Brasil com a retirada do PT, a matriz neoliberal do decrescimento econômico foi retomada. O ano de 2021 poderá ser o sétimo ano sem a recuperação da economia nacional do nível de atividade produtiva alcançada em 2014, o que indica sinais da depressão que contamina as empresas nacionais fechadas e da fuga das firmas estrangeiras do país.

De modo inegável, o país destoa profundamente da trajetória de transformação do poder e soberania do Estado no interior da globalização percebida em algumas nações. Desde a grande recessão de 2008 constata-se a reformulação radical na estratégia de atuação dos Estados, sobretudo enquanto organizadores e condutores de investimentos transnacionais.

Com isso, o capital estatal voltou a recuperar o seu papel ativo na proteção e promoção do sistema produtivo, ao passo que as grandes corporações transnacionais privadas continuaram a fortalecer seus investimentos especulativos em aplicações financeiras e em bolsas. Ao contrário da onda de privatizações transcorrida nos anos 1990, quando a presença do capital privado foi dominante, a década de 2010 registrou uma significativa e crescente materialidade da expansão do capital estatal.

Além do processo de reestatização de diversos setores privatizados, constata-se o investimento internacional cada vez mais sob o comando do Estado, apesar de essa realidade permanecer secundarizada pela mídia e por analistas econômicos no Brasil. A transformação do poder do Estado em pleno capitalismo do início do século XXI decorre das escalas expressivas do investimento estatal transnacional, capaz de alterar profundamente as relações de propriedade no interior de cada país na forma das ações externas.

A montagem e o fortalecimento de uma verdadeira rede global de movimentação do capital estatal transnacional, até então pouco conhecida, revelam o quanto as decisões internas de parte do Estado impactam na estratégia de modernização e competitividade do sistema produtivo nacional. Diante de alguns Estados comprometidos com parcerias de investimento transnacional, uma parcela da propriedade das grandes corporações privadas passou a ser transferida para o poder do público.

Por meio de recursos do Estado disponibilizados por operações, como os fundos soberanos e outras possibilidades do investimento estatal, consolidou-se um novo horizonte de intervenção pública no interior da globalização. Diante de informações disponíveis para um conjunto de mais de um milhão de empresas com participação do investimento do Estado no mundo, percebe-se o grande avanço do processo de transnacionalização do capital estatal.

De certa forma, outra modalidade de capitalismo de Estado se fundamentou com o fortalecimento do sistema produtivo nacional patrocinado por uma organização sistemática da atuação transnacional do capital estatal. Um exemplo disso é a estratégia norueguesa, que responde por uma parcela crescente dos fundos de investimentos estatais no mundo.

A presença chinesa, do mesmo modo, tem se destacado mais recentemente pela intervenção direta na compra de grandes corporações privadas transnacionais em vários países que não apresentam freio à privatização nacional. Somado o total do fluxo dos investimentos estatais transnacionais, pode-se concluir que apenas dois países alcançam cerca de 41% do montante de investimentos do Estado do mundo: a Noruega, que responde por 21%, e a China, por quase 20%. Países como Alemanha, Inglaterra e Estados Unidos compreendem apenas 10% do total do capital estatal transnacional investido no mundo.

Em poucas palavras, o capitalismo que invadiu o século XXI, trazendo consigo a forma de gestão de ativos dominada pela governança corporativa de natureza privada, tem sofrido alterações de rumo, sobretudo com o fracasso neoliberal expresso desde a crise de 2008. Desde então, o Estado tem assumido diferentes estratégias que visam à ampliação da taxa de retorno dos investimentos realizados no interior das fronteiras nacionais dos países.

Consequentemente, novos laços de propriedades públicas aparecem sob o controle do Estado no âmbito da globalização. A despeito disso, em especial, percebe-se que o Brasil atual passou a caminhar para uma regressão, destoando das possibilidades abertas anteriormente no âmbito da soberania na economia global.

Um exemplo maior do movimento de transnacionalização de capitais estatais pode ser percebido na experiência de privatização do Governo Bolsonaro, ocorrida em 2021, da Refinaria Landulpho Alves (RLAM), situada na Região Metropolitana de Salvador. Essa experiência merece destaque pela empresa de investimentos Mubadala Capital, que comprou a primeira refinaria constitutiva do sistema estatal de exploração de petróleo brasileiro desde 1950, pertencer ao fundo soberano dos Emirados Árabes Unidos, um dos maiores do mundo, que governa um conjunto de múltiplas atividades em diversos setores econômicos no mundo (agronegócio, mineração, petróleo e petroquímica, aeroespacial, semicondutores, saúde e farmacêutica, serviços de utilidade pública, tecnologia de comunicação e informação, entre outros).

Embora exista desde a década de 1930, o fundo soberano de responsabilidade estatal somente passou a atuar como importante elemento de intervenção governamental na política macroeconômica nacional (monetária, cambial, fiscal e produtiva) a partir de 1953 com a criação do Kuwait Investment Authority (KIA). Na década de 1970, com o desmonte do acordo de Bretton Woods, que havia regulado o funcionamento do capitalismo organizado desde o fim da Segunda Guerra Mundial, e a desregulamentação gerada pela globalização neoliberal nos anos 1980, os fundos soberanos foram considerados ainda mais importantes.

Isso ocorreu, em grande medida, devido aos expressivos aumentos nos preços das *commodities* (como os minérios de ferro, aço, petróleo e os alimentos) no comércio internacional. Diante dos significativos *superavit* comerciais e acúmulo nas reservas cambiais que impulsionavam a chamada doença holandesa (isto é, a valorização da moeda nacional visando a importação e o desestímulo à produção interna e à exportação), mais países produtores de *commodities* constituíram os seus fundos de riqueza soberana.

Diante da instabilidade e das crises financeiras provocadas pela globalização neoliberal, sobretudo a partir dos anos 1990, e da crescente oscilação nos preços das *commodities*, cerca de metade dos quase sessenta fundos soberanos existentes atualmente em mais de quarenta países foram estabelecidos. Com o total de recursos disponíveis nos fundos soberanos equivalendo a mais da metade das reservas cambiais do mundo, essa modalidade de investimento estatal foi invertendo a lógica privada da globalização capitalista comandada por grandes corporações transnacionais privadas.

Neste início da terceira década do século XXI, o capitalismo globalizado vem sofrendo significativa interferência estatal por meio de consideráveis participações em títulos públicos e moedas de outros países, bem como nas empresas estrangeiras privadas e públicas, que são privatizadas com objetivos nacionais estratégicos. Essa tendência mundial na proliferação dos fundos soberanos, especialmente nos países ricos em recursos naturais, revela como a transnacionalização do capital estatal terminou sendo incorporada ao processo de financeirização da natureza. Ademais, expressa também o papel crescentemente decisivo e positivo do Estado na condução das economias nacionais. Do lado fiscal e monetário, essa tendência contribui para as ações anticíclicas no controle da demanda agregada por meio do financiamento das despesas públicas, enquanto do lado cambial ela atua sobre os riscos de flutuações na taxa de câmbio, o que minora a pressão por valorização da moeda nacional.

Assim, os países produtores e exportadores de *commodities* têm conseguido diversificar as intervenções estatais em várias atividades econômicas por meio da aquisição de empresas tanto privadas como públicas, em um processo de privatização do mundo. Contraditoriamente, a privatização do setor produtivo deixou de significar a expansão do setor privado, conforme se verificava até os anos 1990.

Com a transnacionalização dos capitais estatais, operacionalizada por fundos soberanos em diversos governos nacionais, o próprio processo neoliberal de globalização conduzido por grandes corporações privadas sofre uma reconfiguração. Dessa forma, o governo brasileiro implementou o seu próprio fundo soberano durante a crise financeira global de 2008.

Tudo isso, contudo, passou a ser revertido no Brasil desde o golpe de 2016. Com o sugestivo nome de "Uma ponte para o futuro", os pilares do neoliberalismo foram agressivamente retomados, o que levou o governo Bolsonaro a extinguir, em 2019, o próprio fundo soberano do país.

Assim, a continuidade do neoliberalismo tem se expressado por intermédio da fuga de capitais financeiros e do abandono das empresas multinacionais. Ao mesmo tempo, o desmonte do setor produtivo estatal, possibilitado pelas privatizações, tem sido dominado pela ação da transnacionalização de capitais estatais forâneos que desnacionalizam a propriedade da unidade produtiva local e deslocam o centro de decisão empresarial para fora do Brasil, contraindo a própria soberania nacional.

3.3 Ciclo dos serviços e do agronegócio: a estagnação secular

Ao completar a primeira quinta parte do século XXI, a geoeconomia mundial apresenta uma trajetória distinta daquela originalmente imaginada pela teorização do fim da história para o capitalismo desde o colapso da União das Repúblicas Socialistas Soviéticas, em 1991.[12] Quase dois decênios depois, a manifestação surpreendente da grave crise de dimensão global em 2008 revelou, por exemplo, o quanto o conjunto de países pertencentes às relações Sul-Sul encontrava-se melhor situado que os demais no circuito de expansão econômica e tecnológica.

A instabilidade nas projeções parece não ser algo incomum na temática mundial. Alterações transcorridas logo no início do século XX terminaram por superar profundamente o que pareceria ser a realidade do mundo, como no caso da hegemonia capitalista centrada na Inglaterra.

No plano tecnológico, os avanços foram significativos, com saltos extraordinários na produção em várias áreas. Na agropecuária, houve avanços com a introdução de fertilizantes, pesticidas e herbicidas; na manufatura, com a difusão dos eletrodomésticos; nos transportes, com o uso da via rodoviária; na aviação; nas telecomunicações; na energia, com o salto nuclear; na química, com os fármacos; entre tantas outras inovações em inúmeras áreas.

Tudo isso foi compatível com a elevação na qualidade e expectativa média de vida das populações, que de um modo de vida agrária de outrora, passaram para o modo de vida urbano e industrial, o que

---

12 Para mais detalhes, ver: ANDERSON, P. *O fim da história: De Hegel a Fukuyama*. Rio de Janeiro: Zahar, 1992; e FUKUYAMA, F. *O fim da história e o último homem*. Rio de Janeiro: Rocco, 1992.

fez com que a expectativa de vida aumentasse cerca de trinta anos ao longo século XX.[13] Atualmente, com o ingresso de várias nações na sociedade de serviços, constatam-se inegáveis desafios a serem superados como forma de interromper a desigualdade crescente e a emergência da insustentabilidade climática.

Há cem anos, o antigo sistema do mundo capitalista de impérios e colônias que preponderava por sua grandiosidade territorial, populacional e armamentista terminou sendo brutalmente desconstituído durante as duas grandes guerras mundiais em meio à profunda Depressão de 1929. A inovação do sistema interestatal terminou por consolidar, a partir do pós-Segunda Guerra, a governança capitalista, assentada na difusão modernizadora da economia mundial.

Assim, o reino dos impérios (britânico, austro-húngaro, italiano, português, entre outros) que operavam suas respectivas colônias deu lugar à emergência do Estado-nação. Vale destacar que houve, concomitantemente, o deslocamento da antiga centralidade situada na Europa para a América, mais precisamente a passagem da condição de hegemonia inglesa para os Estados Unidos, após os dois grandes conflitos mundiais que derrotaram a adversária Alemanha na disputa pela dominação hegemônica. Os Estados Unidos, na condição de primeiro Estado nacional surgido fora da Europa, já haviam ultrapassado, em 1900, o Reino Unido em dimensão produtiva, cuja decadência relativa desconstituiu a condição de centro dinâmico do capitalismo mundial, sobretudo ao final da década de 1940.

A ascensão estadunidense correspondeu à mais expressiva renda *per capita* do mundo e ao estabelecimento de outro paradigma monetário, militar e tecnológico. Pela indústria cultural e propagandística, o país difundiu com êxito a dominação ideológica por meio do sonho do *American way of life*, que terminou suplantando o modo cultural capitalista sediado até então em Londres, Paris e Berlim.[14]

---

13 Sobre isso, ver: HOBSBAWM, E. *Era dos Extremos*. São Paulo: Companhia das Letras, 1995; e ARRIGHI, G. *O longo século XX*. São Paulo: Unesp, 1996.
14 A definição de *sonho americano* foi apresentada em 1931 por James Truslow Adams como "a vida deveria ser melhor e mais rica e mais completa para todos, com oportunidades

Também na atualidade prevalece outra natureza de transitar a centralidade geográfica ocidental para oriental, sobretudo asiática. Para o ano de 2050, por exemplo, a somatória do conjunto das economias dos Estados Unidos e da União Europeia poderá responder por 1/5 da riqueza mundial, enquanto em 2000 representava metade do PIB global.

Por outro lado, as economias como as da China e Índia, que conjuntamente compreendiam cerca de 1/10 do PIB mundial no ano 2000, poderão se aproximar de 2/5 da riqueza mundial em 2050. É com essa perspectiva futura da geoeconomia global que o abandono da industrialização e seus impactos no conjunto da estrutura produtiva precisam ser considerados e analisados.

Ao mesmo tempo em que o centro da dinâmica mundial encontra-se em disputa, a posição adotada pelo Brasil entre a decadência relativa dos Estados Unidos e a ascensão chinesa pode estabelecer algum sentido à existência ou não de um projeto de Estado-nação. Isso porque as novidades da economia de serviços em meio à dependência do agronegócio exportador podem significar a troca da modernidade do futuro pelo retorno ao primitivismo do passado já experienciado.

A forma com que a economia brasileira vem se apresentando desde o golpe de Estado de 2016 aponta para uma espécie de desistência histórica das classes dominantes em torno do projeto desenvolvimentista. Ou seja, há aceitação entre a maioria dos dominantes da teoria do realismo periférico, que identificam o país como incapaz de exercer qualquer protagonismo no plano internacional e que se comprometem com a valorização da vantagem comparativa de produzir mais com uma mão de obra o mais barata possível e exportar mercadorias assentadas em recursos naturais.[15]

---

para todos baseado em suas habilidades ou conquistas", independente de sua classe social ou das circunstâncias de seu nascimento. Sobre isso, ver: MAILER, N. *Um sonho americano*. Porto Alegre: L&PM; 1965; SIMÕES, E. *O sonho americano*. Lisboa: Chiado, 1987; FITZGERALD, F. S. *O grande Gatsby*. São Paulo: Record, 2003; FIORI, J. *O poder americano*. Petrópolis: Vozes, 2004; GALBRAITH, J. *Capitalismo americano*. São Paulo: Novo Século, 2008; e CHOMSKI, N. *Réquiem para o sonho americano*. Rio de Janeiro: Bertrand Brasil, 2017.

15   Sobre isso, ver mais em: ESCUDÉ, C. *El Realismo Periférico*. Buenos Aires: Planeta, 1992; BALZE, F.; BALDINELLI, E. (Eds.). *Argentina y Brasil: Enfrentando el siglo XXI*. Buenos

Assim, a nova dependência externa brasileira estaria instalada tendo em vista o curso da destruição interna das possibilidades objetivas da autoescolha tanto das condições do crescimento econômico sustentado como da capacidade de retomada ampla do desenvolvimento. O esvaziamento da autonomia nacional para o estabelecimento de um ciclo produtivo expansivo decorreria do fim da industrialização, considerada a coluna vertebral do desenvolvimento da nação, e da degradação geral dos mecanismos de financiamento a médio e longo prazo da economia, do sistema nacional de inovação tecnológica e do deslocamento do padrão de consumo, crescentemente associado à importação e ao turismo externo, dos endinheirados da produção nacional.

Nesses termos, o país regrediria à condição da procissão de milagres, descrita por Sérgio Buarque de Holanda em seu livro *Visão do Paraíso*, que teria predominado desde o início da colonização lusitana (1500) até o final da República Velha (1889-1930). Com isso, o avanço da dependência externa determinaria o tipo de organização interna a ser fomentada para a exportação, conforme demonstraram os ciclos econômicos anteriores do açúcar, ouro, borracha, café, e agora, cada vez mais, dos produtos do agronegócio.

Diante do movimento atual de queda nominal e real na taxa básica de juros, combinada com a desvalorização cambial e a redução nos custos internos, especialmente do trabalho, haveria possibilidade de a economia brasileira alçar novamente uma trajetória de crescimento sustentável? Para chegar à resposta almejada, caberia considerar previamente as premissas pelas quais o Brasil poderia capturar efeitos positivos da economia internacional, sobretudo dos Estados Unidos.

O distanciamento nacional de qualquer protagonismo na política externa, cultivado desde o Golpe de 2016, afastou o Brasil da América Latina e dos BRICS, especialmente da China, o que o recolocou, fundamentalmente, na situação de dependência crescente do centro capitalista mundial. Acontece que o centro do capitalismo tem perdido dinamismo

---

Aires: ABRA, 1995; e ESCUDÉ, C. *Princípios del realismo periférico: Una teoría argentina y su vigencia ante el ascenso de China*. Buenos Aires: Lumiere, 2012.

econômico, conforme atesta a literatura especializada por meio da referência à estagnação secular.[16]

Os Estados Unidos, em especial, expressam os dilemas capitalistas atuais decorrentes de sua avançada decadência. A política externa norte-americana de dominação global por intermédio de acordos comerciais, em maior ou menor medida desde Bill Clinton (1993-2001), terminou sendo rompida por Donald Trump, que tem procurado adotar formas mais brutas para evitar a evolução da decadência econômica, comercial e tecnológica perante a ascensão chinesa.

Para tanto, tem-se a difusão não somente estadunidense dos diversos esquemas associados às "guerras híbridas", ao uso do *Lawfare* e a outros mecanismos voltados à desestabilização interna das nações. No caso chinês, a guerra identificada como comercial pelos Estados Unidos parece expressar muito mais o pano de fundo da disputa extrema em torno da emergência de um novo paradigma tecnológico, cuja posição norte-americana encontra-se crescentemente ameaçada, do que qualquer outra coisa.

Acontece que, em quase quatro décadas de globalização, o centro capitalista se mostrou contaminado pelo processo de financeirização da riqueza, tornando os donos do capital mais avessos ao risco de um investimento produtivo. A dominância financeira na acumulação capitalista gerou uma *performance* associada à estagnação secular, bem como a preferência pelo consumo vinculada à lógica do endividamento e da desigualdade extrema da renda.

A China, ao contrário, aproveitou, inicialmente, a onda da globalização desde a década de 1980 para capturar investimentos produtivos e absorver tecnologia externa na forma de *joint-ventures*. Na sequência, realizou ampla e profunda reforma em suas empresas estatais para elevar e melhorar a coordenação socialista dos investimentos, antecipando-se à dinâmica dependente da demanda interna.

---

16   Mais detalhes em: SUMMERS, L. "U.S. economic prospect: Secular stagnation, hysteresis, and the zero lower bound". *Business Economics*, 49 (2): 65-73, 2014; e GORDON, R. *The rise and fall of American growth*. Princeton: PUP, 2016.

Dessa forma, a China se estruturou diferenciadamente do modelo soviético por constituir um processo de fusão e aquisição intraestatal, que resultou na formação de menos de cem grandes conglomerados estatais em postos estratégicos, todos dotados de gigantescos bancos com ampla capacidade de financiamento de médio e longo prazo. Perante o padrão de competitividade estabelecido na economia mundial, movida pelas corporações transnacionais em busca acirrada das vantagens competitivas, a China montou o seu arcabouço industrial-financeiro-institucional, organizador da estrutura produtiva alavancado em seu próprio sistema nacional de inovação tecnológica (introdução do sistema da "destruição criativa" de Schumpeter, ausente no modelo da URSS).

Em síntese, percebe-se que ao final do primeiro quarto do século XXI, a articulação financeira, tecnológica, produtiva e distributiva do socialismo de mercado chinês parece deter o sentido de superioridade relativa às iniciativas privadas das corporações capitalistas demasiadamente contaminadas pela financeirização da riqueza e pela aversão ao risco de investir produtivamente.

Com o projeto da Rota da Seda, a China constitui o seu Plano Marshall, definindo previamente os seus parceiros, além de estabelecer, pelo planejamento de longo prazo (*Made in China 2025*), a candidatura à liderança mundial. Nesse caso, o Brasil poderá ficar de fora, como ficou a rica Argentina dos anos de 1930, quando resolveu seguir vinculada à Inglaterra, apesar dos sinais emitidos de sua própria decadência.

Ao contrário da Argentina de quase cem anos atrás, o Brasil soube abandonar a Inglaterra para procurar benefícios na onda avançada dos Estados Unidos da época. Nos dias de hoje, a prevalência da visão governamental do realismo periférico acelerou o processo da desindustrialização precoce, adiantando ainda mais a passagem antecipada para a sociedade de serviços.

No desmonte da antiga sociedade urbana e industrial, os sujeitos históricos associados à defesa do papel do Estado na economia foram, por consequência, fragilizados. Isso foi um sinal de que a alteração na correlação de forças no interior da composição das classes dominantes tornou-se menos favorável ao papel do Estado empreendedor.

A ascensão da burguesia comercial, mais preocupada em comprar barato para vender caro, se viabilizou por meio do receituário neoliberal, que permitiu expandir tanto o capital rentista quanto o do agronegócio, interessado nas teses do livre comércio. Ou seja, a composição dominante atual passou a se aproximar mais, guardada a devida proporção, daquela vigente durante a arcaica sociedade agrária, originalmente defensora do liberalismo do século XIX.

Talvez seja por isso que os pressupostos do anarcocapitalismo ganharam relevância no interior dirigente dos governos recentes. Trata-se, em geral, do desfazer, não do reestruturar, do setor produtivo estatal, entregando-o às empresas privadas nacionais ou estrangeiras, inclusive estatais pertencentes a outros países.

Exemplos disso podem ser vistos em praticamente todo o setor produtivo estatal. A privatização na área de energia parece sintomática do abandono do projeto de nação, pois se trata da experiência nacional de intervenção estatal exitosa que concedia ao país a posição de vanguarda enquanto maior produtor de hidroeletricidade do mundo.

A principal empresa estatal de energia, que havia sido constituída ainda no início dos anos 1960, sofreu os efeitos das insuficiências das empresas privadas existentes, e que dominavam à época a oferta de energia elétrica, e das incapacidades de integrar o território nacional de dimensão continental. Atualmente, a Eletrobras tem uma privatização estimada em R$ 16 bilhões, e o que é repassado é que os interesses da burguesia comercial de curto prazo devem ser atendidos, mesmo que a empresa gere lucros trimestrais de $ 5,5 bilhões para os cofres públicos.

As bases do liberalismo econômico e seu evolucionismo mais recente (neoliberalismo e anarcocapitalismo) assentam-se no pressuposto das forças de mercado o suficiente para promover e sustentar o desenvolvimento no conjunto das atividades produtivas. Neste primeiro quarto do século XXI, a desistência da classe dominante interna de perseguir um projeto nacional termina por comprometer as bases da recuperação tanto econômica como do próprio desenvolvimento sustentável.

3.3.1 Atalho para o futuro subdesenvolvido

Cabe ao Estado ancorar, diante do predomínio privado, o curso hiperindustrial organizativo da produção neoextrativa em grandes escalas do agronegócio e da mineração articulada aos armazéns, corredores de transportes, agências de seguro, empresas *trading* na comercialização, bancos de financiamento, operações de câmbio, entre outras ações com certos paraísos fiscais. Em decorrência disso, o país convive com a heterogeneidade técnica e econômica crescente entre os ramos produtivos primários de exportação e os de subsistência interna, que se mostram incapazes de absorver a massa de trabalhadores, sobretudo nas atividades de maior produtividade, o que aprofunda o próprio subdesenvolvimento resultante do curso programático, considerado como uma ponte para o futuro.

Ademais, o neoextrativismo compreende a dependência crescente da conexão tecnológica (insumos agropecuários e sementes transgênicas) e das infraestruturas de logísticas e transportes, uma vez que o custo do capital fixo instalado exige o seu uso intensivo recorrente, capaz de evitar gastos sem receita (desvalorização do capital). Como os preços das *commodities* são definidos externamente, os complexos neoextrativistas buscam operar crescentemente sem regulação pública e com forte ação autoritária tanto nas relações trabalhistas como nos movimentos sociais e povos originários.

Nesse novo formato de expansão capitalista prevalece a lógica da extração que predomina em todas as esferas econômicas, consolidando a condição de periferia mundial pela subordinação da natureza ao processo de *just in time* das cadeias globais de produção. Assim, a matéria-prima que resulta da exploração da natureza também se converte em ativo financeiro intermediado pelas grandes corporações transnacionais no interior do processo encadeado da extração da renda da terra e da imobiliária, por exemplo.

Desde a virada para o século XXI se consolida no Brasil a dinâmica do neoextrativismo. De modo distinto do passado, o extrativismo se apresenta, atualmente, ampliado e plenamente integrado à reprodução expandida globalmente, que articula esferas tanto da extração na produção de mercadorias como a sua própria realização e circulação monetário financeira.

O Brasil, como se sabe, tem uma longa tradição histórica de aprisionar o seu horizonte de futuro político e socioeconômico à monocultura da produção primário-exportadora centrada no extrativismo de sua natureza. Até a primeira metade do século XX, o expansionismo exportador de *commodities* (madeira, açúcar, borracha, ouro, café e outros) combinou fases de bonanças com um longo tempo da decadência, conforme registra a história econômica brasileira.

Toda vez que o mercado exportador apresentava sinais de esgotamento, o país entrava em baixa, regredindo o padrão de vida do conjunto de sua população frente à ausência de impulsos endógenos para sustentar o crescimento pela via do mercado interno. Nos momentos de auge do extrativismo exportador, um contido segmento social enriquecia (proprietários agrários e em atividades do comércio externo) ao mesmo tempo em que parte da riqueza gerada era transferida ao exterior devido à dependência da importação de produtos de maior valor agregado atrelados ao consumo ostentatório dos ricos.

Durante os momentos de recuo dos surtos extrativos exportadores, a economia local estagnava. Por consequência, o empobrecimento crescente da população era acompanhado também pela maior geração de força de trabalho sobrante aos requisitos da contratação no interior do sistema produtivo decadente.

Até a década de 1930, por exemplo, o Brasil experimentou três fases distintas de extrativismo, entendido por atividades de extração da natureza que atendiam tanto ao cultivo do autoconsumo como ao uso comercial e industrial diverso. A primeira fase extrativa resultou da prática do autoconsumo presente nos povos indígenas das florestas que ocupavam originalmente o território. A segunda decorreu do sentido da colonização por exploração imposta pelos portugueses, responsáveis pelo encadeamento de ciclos de atividades econômicas (pau-brasil, cana-de-açúcar e ouro) assentados no comércio externo, na monocultura, no latifúndio e na escravidão. Por fim, a terceira fase do extrativismo emergiu do modo de produção capitalista periférico que dominou o Brasil após a abolição da escravatura, entre as décadas de 1880 e 1920.

Pela lógica da acumulação do capital, a extração da natureza foi assumindo a condição de matéria-prima no interior do sistema de transformação manufatureiro mundial. Por conta disso, a inserção do Brasil na Divisão Internacional do Trabalho (DIT) se fez produtora e exportadora de produtos primários, cujo dinamismo permitia algum vazamento de parte da riqueza do comércio externo para atividades produtivas internas, direcionadas para o mercado interno face às demandas do assalariamento em expansão.

Da década de 1930 até a de 1980, todavia, o extrativismo tradicional serviu à lógica da produção manufatureira interna que se reproduziu durante o ciclo de industrialização e urbanização nacional. Porém, isso somente foi possível enquanto perdurou a ordem político-social interna prevalente entre a Revolução de 1930 e a instalação do ciclo político da Nova República (1985-1989).

A partir da forma de inserção à globalização neoliberal posterior a 1990, o Brasil foi se reconfigurando no interior da Divisão Internacional do Trabalho. Por força da transição da antiga condição de produção diversificada e exportadora de bens manufaturados para a de especialização reprimarizadora de sua economia, o país que respondia por três a cada dez produtos manufaturados do mundo em 1980 regrediu para a geração de apenas um a cada dez bens industriais produzidos no planeta em 2019.

4
Estado de bem-estar social no Brasil: a construção interrompida?

A sociedade brasileira segue estruturalmente autoritária e significativamente desigual, hierárquica e violenta, apresentando-se, neste primeiro quarto do século XXI, ainda reacionária, sobretudo em relação à majoritária parcela dos mais pobres. Mesmo durante os três principais movimentos históricos de modernização do capitalismo tardio, quando prevaleceu a alteração profunda na trajetória da sociedade movida por forças progressistas de cada época, houve um inegável enquadramento conservador e opressivo por parte dos grupos socioeconômicos dominantes.

A começar pelo primeiro movimento de modernização nacional gerado pelo impulso reformador dos abolicionistas na substituição do trabalho pela formação competitiva da sociedade de classes, em pleno capitalismo nascente. A oposição da elite agrarista dirigente adotou como saída para o atraso brasileiro o projeto de branqueamento da sociedade, impulsionado pela intensa imigração europeia, que excluiu a majoritária população não branca das melhores ocupações entre as décadas de 1880 a 1920.[1]

---

1 Para servir à escravidão, o Brasil foi a região do mundo que mais recebeu negros retirados do continente africano pelo comércio de viventes entre os séculos XVI e XIX. Com a abolição da escravatura, os governos da República Velha (1889-1930) patrocinaram amplamente a imigração branca como estímulo ao desaparecimento cultural e genético da raça negra, identificada como "inferior" pela ideologia do branqueamento assentada no "racismo científico" e na teoria de Darwin da seleção natural. Entre os anos de 1872 e 1940, dados censitários indicaram a redução na participação relativa da população não branca de cerca de 2/3 dos brasileiros para pouco mais de 1/3. Mais detalhes em: DÁVILA, J. *Diploma de brancura: Política social e racial no Brasil 1917-1945*. São Paulo: UNESP, 2006; e SKIDMORE, T. *Preto no Branco: Raça e nacionalidade no pensamento brasileiro (1870-1930)*. São Paulo: Companhia das Letras, 2012.

O segundo movimento, a Revolução de 1930, liderada pelo tenentismo, favoreceu a substituição do primitivismo agrarista por uma agenda transformista na passagem para a sociedade urbana e industrial. Contudo, o bloqueio às reformas clássicas do capitalismo contemporâneo (agrária, tributária e social) entre as décadas de 1930 e 1980 permitiu que a intensa expansão econômica fosse selvagem e reprodutora do próprio subdesenvolvimento, que originalmente buscava ser superado.[2]

Por fim, o movimento de redemocratização nacional estabelecido em torno da Constituição Federal de 1988 convergiu na construção do Estado de bem-estar social enquanto amplo e profundo conjunto de ações inclusivas no interior da sociedade de serviços em formação. Após quase três décadas de "mais idas do que vindas", o ainda inconcluso Estado de bem-estar social foi ferido mortalmente pela regressão autoritária imposta pelo golpe de Estado, em 2016, sob o pretexto de equilibrar as finanças governamentais mediante a exclusão de pobres do orçamento público.[3]

---

2 Embora detivesse a segunda maior população negra do mundo, atrás apenas da Nigéria, o Brasil registrou a presença, entre 1928 e 1938, do maior Partido Nazista, depois da Alemanha, com 2,9 mil filiados e muitos simpatizantes das ideias de superioridade racial, tendo o Estado de São Paulo registrado o maior número de adeptos, seguido de Santa Catarina, Rio de Janeiro, Rio Grande do Sul e Paraná. Passados oitenta anos, o Brasil contabilizou, em 2019, mais de três centenas de células neonazistas, o que era três vezes superior à quantidade constatada no começo do século XXI, tendo São Paulo 99 células (28 só na capital), seguido por 69 em Santa Catarina, 66 no Paraná e 47 no Rio Grande do Sul. Mais informações em: CARNEIRO, M. *O antissemitismo na era Vargas: Fantasmas de uma geração, 1930-1945*. São Paulo: Perspectiva, 2001; COSTA, S. *Crônica de uma guerra secreta*. São Paulo: Record, 2004; GIMENEZ, D. *Ordem liberal e a questão social no Brasil*. São Paulo: LTr, 2008; e DIAS, A. *Observando o ódio: Entre uma etnografia do neonazismo e a biografia de David Lane*. Campinas: IFCH/Unicamp, 2018.

3 A inédita explosão da exclusão social que decorre da destruição do Estado de bem-estar social associada ao decrescimento econômico e à desestruturação do mundo do trabalho revela o quanto de igualdade a elite dominante tolera, de fato, no país. Tal como no início dos anos de 1960, quando o índice de Gini da desigualdade de renda era 0,499, superado pelo golpe de Estado que por 21 anos elevou ao limite a iniquidade social, o Brasil só voltou a repetir o Gini de 0,499 em 2014, na antevéspera do golpe de Estado de 2016, que passou a apontar para uma crescente desigualdade social. Ver mais em: POCHMANN, M. *A desigualdade hereditária: Origem e trajetória no Brasil*. Ponta Grossa: Editora da UEPG, 2017.

Nessa trágica construção histórica, uma espécie de *apartheid social* se constituiu diante de uma minoria integrada ao sistema que se defrontava sistematicamente com multidões crescentes de despossuídos. De maneira geral, a vitalidade econômica e o autoritarismo predominaram na gestão do *apartheid social*, tendo em vista o *charme* da mobilidade ascendente intra e intergeracional, possibilitada no interior do desenvolvimento do capitalismo periférico, ainda que profundamente assimétrico entre classes e frações de classes sociais.

Exemplo disso ocorreu durante a ascensão substancial do país em relação ao mundo. Até a década de 1930, quando ainda predominava a sociedade agrária, o Brasil não chegava a alcançar 1% do Produto Interno Bruto (PIB) mundial. Com a passagem para a sociedade urbana e industrial entre as décadas de 1930 e 1970, contudo, a participação do país no PIB mundial foi três vezes multiplicada.

Todavia, a exuberância econômica nacional transcorreu prisioneira da presença dos regimes políticos autoritários, que responderam por cerca de 2/3 do período compreendido entre os anos de 1930 e 1980. Com isso, houve o predomínio do padrão despótico de gestão da exclusão social que sufocava as minoritárias experiências democráticas, fortemente influenciadas por partidos políticos de base popular, como o Partido Trabalhista Brasileiro (1945-1964) e o Partido dos Trabalhadores (1985-2016).

Gráfico 7. Brasil – evolução da participação no Produto Interno Bruto mundial entre 1820 e 2018 (em %)

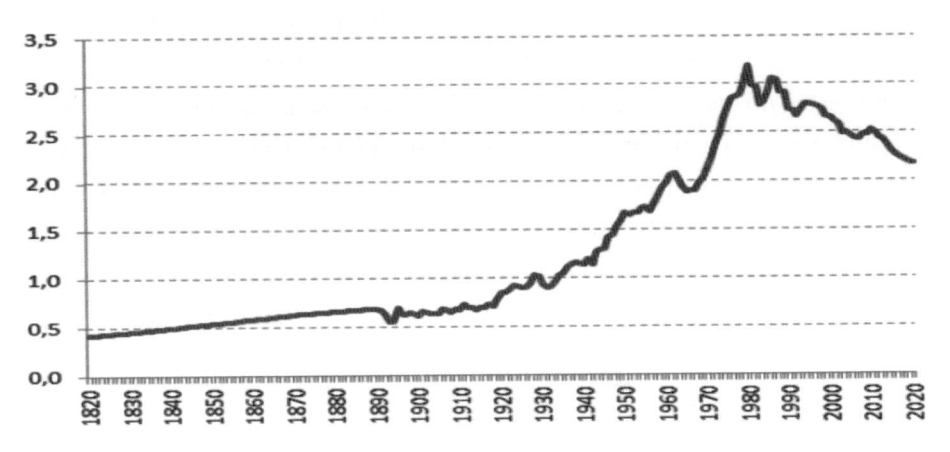

Fonte: Maddison Project Database, 2018 (elaboração própria)

Desde os anos 1980, contudo, o país passou a transitar antecipadamente para a sociedade de serviços no vácuo da desindustrialização precoce. Nesse contexto, o Brasil perdeu um peso considerável no PIB mundial, tendo a segunda década do século XXI registrado participação inferior a 1/3 da verificada em 1980, o que pode ser atribuído, em grande medida, ao período de quarenta anos (1980-2019) de acúmulo de duas décadas perdidas do ponto de vista econômico (1980 e 2010).

Das duas experimentações da democracia de massa desde a década de 1880, quando o modo de produção capitalista se tornou dominante no país, destaca-se dos anos de 1985 e 2016 a vigência do padrão de gestão da exclusão social na Nova República, bem distinto da fase populista no período de 1945 a 1964. Com a crise econômica gestada no impasse eleitoral de 2014, o ciclo político da Nova República se esgotou, descortinando o modo autoritário e neoliberal de gestão do *apartheid social* às vésperas do país completar duzentos anos de independência nacional.

Diante disso, as páginas seguintes buscam caracterizar a produção e a reprodução da exclusão social pela condição brasileira na periferia do capitalismo mundial. Em acréscimo, analisa-se a ascensão da exclusão social frente à interrupção da construção do Estado de bem-estar social desde o esgotamento do ciclo político da Nova República em 2016.

4.1 Panorama de longo prazo da exclusão social no capitalismo periférico

Para um país com significativos constrangimentos à modernização inclusiva, a trajetória capitalista se configurou no Brasil pela apartação de imensas parcelas da sociedade, com a gestão da exclusão social sendo fomentada por distintas iniciativas governamentais. Em geral, a vitalidade econômica se mostrou fundamental, acompanhada, na maior parte do tempo, da ação despótica do Estado para conter massas excluídas, ou parte delas, que, em determinados momentos históricos, se opuseram ou até reagiram ao sentido geral do *apartheid social*.[4]

No conjunto das treze décadas de dominância capitalista no Brasil, pode-se constatar a existência de, pelo menos, três distintas situações de exclusão das massas empobrecidas percebidas paralelamente ao avanço da riqueza nacional. A primeira ocorreu quando o capitalismo se instaurou dominante e progrediu avassalador no interior da sociedade agrária, especialmente durante a República Velha. A segunda, durante as décadas de 1930 e 1980, marca a passagem e a expansão da sociedade urbana e industrial. Por fim, a terceira situação de exclusão social se estabeleceu simultaneamente à transição antecipada para a sociedade de serviços desde os anos 1990, conforme se menciona brevemente a seguir.

4.1.1 Capitalismo nascente e os setores orgânico e inorgânico no velho agrarismo

Identifica-se na década de 1920, quando o Brasil completou o primeiro centenário de sua independência, o efervescente questionamento

---
4 Para mais detalhes, ver: CAMPOS, A. et al. *Os ricos no Brasil*. São Paulo: Cortez, 2004; GUERRA, A. et al. *Proprietários: Concentração e continuidade*. São Paulo: Cortez, 2009; POCHMANN, M. *A vez dos intocáveis no Brasil*. São Paulo: FPAbramo, 2014; e MORAES, R.; POCHMANN, M. *Os ricos e poderosos*. São Paulo: FPAbramo, 2019.

sobre a questão do atraso nacional. Predominava, até então, certa vinculação ao tema do atraso temporal, posto que a ideologia hegemônica associava à época a predestinação do Brasil de "dar certo" enquanto construção de futuro marcado pela pujança natural.[5]

A inflexão a respeito dessa secular percepção de país do futuro emergiu com a Revolução de 1930, que estabeleceu uma nova consciência acerca do atraso nacional demarcada pela concepção do subdesenvolvimento imposto pela forma de inserção periférica do Brasil no capitalismo mundial. A ascensão da visão crítica ao ilusionismo paradisíaco da pujança natural foi convertida em uma necessidade de reorganizar o país em novas bases a serem constituídas a partir da superação do primitivismo agrarista pelo ingresso na moderna sociedade urbana e industrial.

Mas, para tanto, é preciso dissertar sobre a nova compreensão acerca da herança do capitalismo nascente relativa à superpopulação, que ultrapassava a necessidade média do processo de expansão do capital. Esse excedente, que resultou da formação social exposta pela periférica inserção capitalista, constituía um vasto setor inorgânico no interior da sociedade agrária, situado à margem da economia primário-exportadora que se assentava em extensas lavouras pertencentes aos grandes proprietários rurais.

A transição capitalista do final do século XIX se realizou praticamente sem qualquer alteração estrutural profunda na sociedade agrária vigente, permanecendo a questão social, para os governos da época, como mais um caso de polícia a ser tratado. De um lado, o setor inorgânico integrado à economia de subsistência, marcada pela insuficiência alimentar e destituição do acesso às já escassas políticas públicas para a população nacional, era formado pela multidão majoritariamente não branca, excluída pelo projeto de branqueamento produzido durante a República Velha. De outro, o setor orgânico da

---

5 Sobre isso, ver: CÂNDIDO, A. "Literatura e subdesenvolvimento". *A educação pela noite & outros ensaios*. São Paulo: Ática, 1989, p. 140-162; ZWEIG, S. *Brasil, um país do futuro*. Porto Alegre: L&PM, 2006; e SCHWARCZ, L.; STARLING, H. *Brasil: Uma biografia*. São Paulo: Companhia das Letras, 2015.

sociedade agrária, expresso por uma especial transição para o capitalismo, internalizou, na classe proprietária dominada pela antiga oligarquia rural, a nascente burguesia urbana (comercial financeira industrial), ambas comprometidas com a organização da exploração econômica em grande escala para a exportação (agrícola e extrativa mineral e vegetal). Na economia organizada para fora, as famílias dos proprietários rurais e do empresariamento dos negócios capitalistas urbanos determinavam – ainda que de maneira demasiadamente desigual no território nacional – a proliferação das massas de miseráveis no interior da estrutura social verticalizada e profundamente autoritária, violenta e hierarquizada.[6]

Com a expansão média anual do Produto Interno Bruto (PIB) por habitante de 0,7% ao ano entre 1890 e 1930, a estratificação ocupacional se alterou profundamente. Ainda que o trabalho se mantivesse majoritariamente centralizado no meio rural, seu decréscimo relativo no total dos que estavam empregados foi de 76,3%, em 1872, para 66,7% em 1940.

Nessa fase de construção do mercado de trabalho brasileiro, a taxa de assalariamento saltou de 3,5% do total da força de trabalho, em 1872, para 44,8%, em 1940. Em quase meio século, o capitalismo avançou selvagemente, sem qualquer possibilidade de regulação do mundo do trabalho frente ao predomínio do Estado liberal vigente durante a República Velha (1889-1930).

No ano de 1900, por exemplo, quase 55% dos ocupados estava em alguma das classes das atividades de serviços domésticos. Do ponto de vista do capitalismo nascente da época, somente o setor inorgânico deveria abrigar cerca de 4/5 do conjunto da sociedade agrária brasileira, uma vez que o setor orgânico envolvia uma parcela restrita da população em torno das atividades de grande escala no meio rural (agrícolas, mineradoras,

---

6 Mais detalhes em: CHAUÍ, M. *Brasil: Mito fundador e sociedade autoritária*. São Paulo: FPAbramo, 2000; FERNANDES, F. *A revolução burguesa no Brasil*. Rio de Janeiro: Zahar, 1975; IANNI, O. *O pensamento social no Brasil*. São Paulo: Edusc, 2004; MELLO, J. *Capitalismo tardio*. São Paulo: Brasiliense, 1982; e PRADO JÚNIOR, C. *Formação do Brasil Contemporâneo: Colônia*. São Paulo: Brasiliense, 2008.

extrativistas) e urbano (financeiras, comerciais e de transporte) vinculadas às exportações.

4.1.2 Circuitos inferior e superior da urbanização capitalista na sociedade industrial

O impressionante deslocamento de massas humanas do campo para as cidades entre as décadas de 1930 e 1970 representou a urbanização do estoque da pobreza herdado pelo atraso da sociedade agrária. Isso se deu porque a veloz conversão urbana de grande parcela da população em apenas três décadas fez com que a centralidade do trabalho assalariado, assentada na utopia da cidadania regulada, se propagasse muito mais.[7]

Ainda que restrito e sempre controlado pelo Estado, o assalariamento formal se constituiu no requisito fundante da passagem da cidadania abstrata do liberalismo da República Velha para a concretude da cidadania regulada pela corporativa estratificação ocupacional do emprego salarial no interior da sociedade urbana e industrial. Assim, o processo de inclusão social previa o reconhecimento das ocupações em legislação apropriada, cuja extensão da cidadania se estabelecia pela regulamentação de novas ocupações enquanto identidade, pertencimento aos direitos sociais e trabalhistas e definição da categoria profissional.

A relação dos direitos de cidadania com a estratificação ocupacional gerou a exclusão dos ativos ocupados ou não devido à ausência de uma legislação apropriada, sendo cada vez mais identificada à marginalidade e informalidade de subcidadãos.[8] Nesse caso, a incorporação capitalista

---

7   A perspectiva da sociedade salarial e da cidadania regulada encontra-se em: CARDOSO, A. *A construção da sociedade do trabalho no Brasil: Uma investigação sobre a persistência secular das desigualdades*. Rio de Janeiro: FGV, 2010; PAOLI, M. "Os trabalhadores urbanos na fala dos outros". In: LOPES, J. (Org.). *Cultura e identidade operária*. Rio de Janeiro: UFRJ/MN/MZ, 1987; POCHMANN, M. *O emprego no desenvolvimento da nação*. São Paulo: Boitempo, 2008; e SANTOS, W. *Cidadania e Justiça: A política social na ordem brasileira*. Rio de Janeiro: Campus, 1987.
8   Sobre isso, ver: KOWARICK, L. *Capitalismo e marginalidade na América Latina*. Rio de Janeiro: Paz e Terra, 1975; NUM, J. "Superpoblación relativa, ejército industrial de reserva y massa marginal". *Revista Latinoamericana de Sociologia*, 5 (2), jul. 1965; PAOLI, M. *Desenvolvimento e marginalidade*. São Paulo: Pioneira, 1974; PRANDI, J. *O*

provida ao longo do ciclo da industrialização nacional operou na forma de dois circuitos produtivos distintos, porém complementares, dependentes e funcionais no interior do processo de urbanização periférica.[9]

Por um lado, há o circuito superior, que reúne o conjunto das atividades mais dinâmicas da sociedade urbana e industrial associadas às grandes e médias empresas estabelecidas na infraestrutura, produção e circulação capitalista. Por outro, há o circuito inferior compreendido por micro e pequenos negócios, em geral promotores das condições de reprodução da pobreza por meio da organização simples, da reduzida aplicação de capital, intensiva em mão de obra, e do contido e insuficiente rendimento.[10]

No contexto do acelerado crescimento econômico, que permitiu a expansão média anual de 3,3% do PIB *per capita* entre os anos de 1930 e 1980, a ocupação urbana foi multiplicada em 1,9 vezes, saltando de 37,5% no total dos postos de trabalho de 1940 para 69,9% de 1980. Simultaneamente, a taxa de assalariamento passou de quase 45% da força de trabalho, em 1940, para 64%, em 1989, o que significou o crescimento acumulado de mais de 44% em cinco décadas.

Com isso, o circuito superior do capitalismo foi multiplicado por quase quatro vezes em quarenta anos. Entre 1940 e 1989, por exemplo, a ocupação pertencente ao circuito superior passou de quase 13% da força de trabalho para próxima de 49,1%, com elevação acumulada de 288%.

---

trabalhador por conta própria sob o capital. São Paulo: Símbolo, 1978; QUIJANO, A. *La economia popular y sus caminhos em América Latina*. Lima: M. Azul, 1998.

9   Para mais detalhes, ver; MARICATO, E. *Metrópole na periferia do capitalismo*. São Paulo: Hucitec, 1996; OLIVEIRA, F. "A economia brasileira: Crítica à razão dualista". *Cadernos CEBRAP*, 2, 1972; SANTOS, M. *Metrópole corporativa fragmentada*. São Paulo: Nobel, 1990; e VAINER, C. et al. *A cidade do pensamento único: Desmanchando consensos*. Petrópolis: Vozes, 2000.

10   Para a literatura especializada, ver: BRITO, L. "O espaço dividido: Os dois circuitos da economia urbana dos países subdesenvolvidos". *Revista Brasileira de Assuntos Regionais e Urbanos*, 3 (1), 2017; CATAIA, M.; SILVA, S. "Considerações sobre a teoria dos dois circuitos da economia urbana na atualidade". *Boletim Campineiro de Geografia*, 3 (1), 2013; e SANTOS, M. *O espaço dividido: Os dois circuitos da economia urbana*. 2. ed. São Paulo: Edusp, 2008.

Mesmo que extremamente dinâmico, o processo de incorporação capitalista na sociedade urbana e industrial expressou a singularidade da urbanização periférica. O circuito inferior do sistema produtivo, que de majoritariamente dominante na década de 1940 decresceu para ligeiramente abaixo da metade do total da população ocupada, manteve – quarenta anos depois – o formato das atividades laborais de acesso à renda dos não incorporados ao circuito superior da economia e, portanto, excluídos da cidadania regulada, que tinha como requisito a centralidade no trabalho salarial regulamentado.

4.1.3 O estado de bem-estar social e a gestão da exclusão capitalista na sociedade de serviços

Ao final da década de 1980, quando as bases do Estado de bem-estar social foram instaladas pela Constituição Federal de 1988, sendo estas necessárias para a superação da condição de cidadania regulada, o Brasil começou a perder a centralidade do trabalho salarial, comprometida pela inserção subordinada e passiva na globalização neoliberal. Com isso, o ingresso na sociedade de serviços antecipado pela desindustrialização precoce passou a estar associado à semiestagnação do PIB *per capita* em apenas 0,6% como média anual, tendo a economia nacional registrado duas décadas perdidas (de 1980 e de 2010) em quarenta anos contados desde 1980.

Não obstante a ausência do dinamismo econômico, o processo de inclusão social foi crescente, ainda que não mais representado pela difusão do assalariamento e sua formalização, conforme verificado desde a instauração do capitalismo no antigo agrarismo e, sobretudo, na sociedade urbana e industrial. Isso ocorreu porque a taxa de assalariamento decresceu 7,7% (uma diminuição de 0,2% ao ano, em média) entre os anos de 1989 e 2019, com o emprego assalariado tendo uma queda de 64% da força de trabalho para 59,1% no mesmo período de tempo.

Se considerado o assalariamento formal, o decréscimo acumulado foi de 15,9% (uma diminuição de 0,5% ao ano, em média), pois diminuiu de 49,1% do total da força de trabalho, em 1989, para 41,3%, em 2019. Em função disso, as ocupações não assalariadas, que registravam perdas de participação relativas desde o levantamento censitário de 1872, encontraram, pela primeira vez, um aumento no total dos ocupados a partir da década de 1990. Em 2019, por exemplo, as ocupações não assalariadas representaram quase 41% do total da força de trabalho ocupada, ou seja, 20,3% acima do verificado em 1989.

Constatou-se, além da diminuição contínua dos postos de trabalho do setor primário da economia, o ineditismo da queda relativa às ocupações pertencentes ao setor secundário (indústria de transformação e construção civil). Em compensação, o avanço significativo da terciarização econômica refletiu-se tanto na terceirização das ocupações pertencentes ao trabalho material dos setores primário e secundário como nas inovações organizacionais e de gestão patronal no uso mais flexível da força de trabalho, com desregulamentação das relações de trabalho e proliferação das formas de autoemprego.[11]

Com isso, houve uma tendência à concentração dos postos de trabalho na base da pirâmide social e da redução relativa dos empregos de classe média assalariada *vis a vis* à classe média proprietária (pequenos negócios, microempreendedores individuais, pejotização das ocupações de consultores, autônomos e outros). No ano de 2019, quase 72% das ocupações no Brasil recebiam até 2 salários mínimos mensais (68,5% em 1989), enquanto os postos de trabalho com rendimentos de 2,1 a 5 salários mínimos mensais representavam menos de 21% do total dos ocupados (22,1% em 1989) e o segmento com maior rendimento (acima de 5 salários mínimos) era inferior a 8% de todos os postos de trabalho (9,8% em 1989).

Nesse sentido, o movimento de achatamento dos rendimentos entre os ocupados da base da pirâmide social transcorreu simultaneamente à expansão relativa do setor terciário e ao decréscimo relativo dos setores

---
11 Maiores reflexões em: ANTUNES, R. *O privilégio da servidão: O novo proletariado dos serviços na era digital*. São Paulo: Boitempo, 2018; BRAGA, R. *A política do precariado*. São Paulo: Boitempo, 2012; e POCHMANN, M. *A superterceirização do trabalho*. São Paulo: LTr, 2008.

primário e secundário da economia. Ao contrário do passado, quando a força de trabalho assalariada sem carteira de trabalho ou de ocupação não assalariada engajava-se na perspectiva do emprego formal (acesso aos direitos sociais e trabalhistas e garantia de identidade e pertencimento à representação de interesses no interior da estrutura corporativa), passou a prevalecer o aprofundamento da informalidade, sem identidade ou pertencimento, cada vez mais disfuncional à dinâmica capitalista.[12]

Diante do deslocamento da centralidade do trabalho industrial para o de serviços, com a desestruturação do mundo do trabalho regulamentado e a perda da perspectiva salarial e da insegurança social, a construção do Estado de bem-estar social tornou-se o principal e mais importante mecanismo de inclusão social. Para tanto, as transformações organizacionais e funcionais nas três esferas da federação (União, estados e municípios) foram fundamentais, com a elevação do gasto social em relação ao PIB de 71,4% (de 14%, em 1988, para 24%, em 2014) e do número de servidores públicos de 5,7 milhões (12,6% dos ocupados) para 11,1 milhões (11,6% dos ocupados) desde a Constituição Federal.

Com isso, o curso de construção do Estado de bem-estar social possibilitou a multiplicação em quase sete vezes do contingente de pessoas atendidas por diversas modalidades de transferência direta de renda em menos de três décadas. Em 2014, por exemplo, 80,6 milhões de brasileiros (39,8% da população) eram beneficiados pelas políticas de garantia dos rendimentos (previdência, assistência social e trabalho e renda), enquanto em 1988 eram 11,7 milhões de pessoas (8,1% da população).[13]

---

12   Sobre a disfuncionalidade atual do excedente da força de trabalho, ver: CALIXTRE, A. *A condição informal: Reflexões sobre o processo de informalidade no Brasil contemporâneo*. Campinas: IE/Unicamp, 2011; MORAES, R.; POCHMANN, M. *Capitalismo, classe trabalhadora e luta política no início do século XXI*. São Paulo: FPAbramo, 2017; e POCHMANN, M. *A vez dos intocáveis*. São Paulo: FPAbramo, 2014.
13   Sobre as informações quantitativas, ver: CARDOSO JÚNIOR, J. (Org.). *Burocracia e ocupação no setor público brasileiro*. Rio de Janeiro: IPEA, 2011; POCHMANN, M. *Subdesenvolvimento e trabalho*. São Paulo: LTr, 2013; MATTOS, F. "Trajetória do emprego público no Brasil desde o início do século XX". *Ensaios FEE*, 36 (1): 91-122, jun. 2015 (Porto Alegre); e CASTRO, J. "Política social no Brasil". *TD da Anfip*, (1), 2018.

Além disso, a organização e a expansão do conjunto de ações voltadas à regulação e garantia da oferta de bens e serviços no âmbito da saúde, educação, desenvolvimento urbano e agrário, entre outras áreas de intervenção pública, não deixam dúvidas a respeito do quanto a construção do Estado de bem-estar social avançou no país. Sua abrangência e capacidade de operar em meio a multidões de empobrecidos contribuíram para disfarçar o curso da decadência nacional mediante a semiestagnação proveniente da desindustrialização precoce e da passagem antecipada para a sociedade de serviços.[14]

4.2 Impasse político: Estado de bem-estar social ou conversão privada de oferta via mercado na transição capitalista para a sociedade de serviços

Em mais de três décadas de distintos governos ao longo do ciclo político da Nova República (1985-2016), o sentido geral da apartação social presente desde o tardio ingresso brasileiro ao capitalismo sofreu uma inquestionável inflexão por força da construção do Estado de bem-estar social. Porém, o impasse eleitoral de 2014 levou ao rompimento do ciclo político-democrático e lançou o país na mais profunda e longeva crise econômica receitada pelo neoliberalismo, cujos efeitos destrutivos sobre a construção do Estado de bem-estar social não tardaram a se manifestar.

---

14 Mais abordagens em: AURELIANO, L. "A especificidade do Welfare State Brasileiro". *A Política Social em Tempo de Crise*. Brasília: MPAS-CEPAL, 1989; ARRETCHE, M. "Emergência e desenvolvimento do Welfare State: Teorias explicativas". *BIB*, 39: 3-40, 1995; DRAIBE, S.; FAGNANI, E. "Política Social e Pactos Conservadores no Brasil". *Economia e Sociedade*, 8: 183-238, abr. 1997 (Campinas); POCHMANN, M. *O desafio da inclusão social no Brasil*. São Paulo: Publisher, 2004; DELGADO, G.; THEODORO, M. "Desenvolvimento e Política Social". *In*: JACCOUD, L. *Questão social e políticas sociais no Brasil contemporâneo*. Brasília: Ipea, 2005; SPOSATI, A. "Modelo brasileiro de proteção social não contributiva: Concepções fundantes". *Concepção e Gestão da Proteção Social não Contributiva no Brasil*. Brasília: Unesco-Mds, 2009; CASTRO, J. "Política social e desenvolvimento no Brasil". *Economia e Sociedade*, 21: 1011-1042, dez. 2012 (Campinas); e KERSTENETZKY, C. *O Estado de bem-estar social na idade da razão*. Rio de Janeiro: Elsevier, 2012.

Assim, o vigoroso processo da crescente inclusão social das massas empobrecidas no orçamento do governo federal, por ordem da construção do Estado de bem-estar social, teve uma profunda reação negativa dos mais ricos e poderosos. Esse descontentamento pode ser percebido na tese recorrente do "caos fiscal imposto a ferro e fogo pelos porta-vozes midiáticos do dinheiro", que somente encontra solução nas deformas que visam bloquear as portas do acesso aos pobres nos recursos públicos (legislação do teto dos gastos públicos, da flexibilização das leis do trabalho, da destruição da previdência pública, da tributária, que isenta privilegiados e ricos etc.).

O esvaziamento do papel do Estado de bem-estar social e a regressão socioeconômica no país se expressaram distintamente no território nacional, especialmente no desempenho econômico dos municípios desde 2014. Nos anos mais graves da recessão nacional (2015-2016), cuja queda acumulada do PIB foi superior a 7%, identificou-se que somente 50,1% dos municípios do país (28% do PIB nacional e 29,8% da população) tiveram desempenho positivo em suas economias locais.

Dessa parcela com elevação da produção no território nacional, constata-se ainda que 15,2% dos municípios (16,8% do PIB nacional e 14,3% da população) apresentaram crescimento econômico acima de 6% ao ano. Por outro lado, 49,9% da totalidade dos municípios, representando 72% do PIB nacional e 70,2% do total dos brasileiros, conviveu com a gravidade da recessão econômica entre os anos de 2015 e 2016.

Diante disso, compreende-se como o Brasil passou a consolidar o quadro geral de fragmentação da economia no território nacional. O reaparecimento de enclaves econômicos localmente determinados por distintas inserções internacionais indica dinâmicas indiferentes ao que ocorre no conjunto da nação, passando a reproduzir o passado das ilhas regionais de expansão econômica rodeada pelo mar generalizado da regressão produtiva.

O abandono da industrialização segue acompanhado pela ampliação da heterogeneidade territorial e permeado por desempenhos diversos das economias locais. Em geral, grande parte delas encontra-se sem capacidade de articular e integrar-se ao todo do país, conforme vigorava durante o passado dos ciclos econômicos antecedentes da Revolução de 1930.

Com a adoção do receituário neoliberal de aprofundamento da fuga da indústria, a possibilidade de um novo ciclo de crescimento econômico sustentável tornou-se cada vez mais distante. Ao mesmo tempo, difundiu-se a ideologia da meritocracia assentada no empreendedorismo individual, que estimulava a conversão do trabalhador em empresário de si próprio em atividades extensivas, como a prestação de serviços.

A dominância da concorrência exposta em escala individual extremada tem sido valorizada pelos governos neoliberais como forma de descolar a necessidade do Estado, cabendo a cada um negociar no mercado a venda de serviços multifuncionais. Assim, as exigências de competitividade individual reforçariam as providências de dispor ativos próprios, como o certificado de formação (diploma educacional) e os comprovantes de seguros de saúde, assistência e previdência social, não mais incorporados ao contrato formal de trabalho salarial entre empregado e empregador.

Diferentemente do programa neoliberal da "Era dos Fernandos" (Collor, 1990-1992, e Cardoso, 1995-2002), quando o foco recaiu na privatização do Estado, os governos desde o golpe de Estado de 2016 concentram-se na privatização dos direitos sociais e trabalhistas. Nesse sentido, a restrição e o esgotamento dos serviços públicos, inicalmente por sua asfixia orçamentária, propulsora do rápido rebaixamento da oferta e sua qualidade, e, na sequência, sua privatização, abririam a oportunidade para uma nova modalidade de expansão capitalista fundamentada no empreendedorismo dominante na sociedade de serviços.

Com isso, atenua-se o acelerado descompasso entre a internacionalização do padrão de consumo cada vez mais excludente das massas empobrecidas e a especialização da estrutura produtiva, dependente do extrativismo mineral e vegetal, acompanhado do maior barateamento possível do custo da mão de obra. Um sinal disso pode ser encontrado nas informações referentes à expansão recente da subutilização da força de trabalho no Brasil.

Atualmente, a subutilização do trabalho que atinge um a cada quatro brasileiros era equivalente a apenas um pouco mais de 1/7 da força de trabalho no ano de 2014. Com isso, o Brasil, que representava 5,3% do total de trabalhadores subutilizados no mundo em 2014, passou a responder por 9% em 2019, segundo a Organização Internacional do Trabalho.

Ainda que o desemprego aberto possa ser mais perceptível enquanto evidência do problema social de um país sem vigor econômico, a subutilização do trabalho tende a revelar a reorganização do processo de trabalho, não mais associado à estrutura produtiva, mas ao dinamismo do consumo. Ao contrário do posto de trabalho, até então relacionado à atividade de vender o que era produzido, passa a ser privilegiada a ocupação pertencente ao ato de fazer fundamentalmente o que pode ser vendido.

Por isso, a subutilização do trabalho revela o subemprego relacionado ao tempo, referente à menor jornada possível em termos de acesso a ganhos de rendimentos que busquem superar a linha de pobreza. Da mesma forma, a força de trabalho potencial, por exemplo, embora afastada marginalmente da atividade por desalento, permanece à disposição do trabalho, como na situação de contratação intermitente (*on demand*).

Na sociedade urbana e industrial de outrora, a condição original de cidadania regulada era portadora de direitos sociais e trabalhistas seletivamente garantidos pelo Estado na forma de inserção produtiva (como o emprego assalariado formal). Contudo, com a desindustrialização e a passagem antecipada para a sociedade de serviços, coube ao Estado de bem-estar social, em construção desde a Constituição de 1988, incorporar a parcela crescente da população sobrante e disfuncional às necessidades do capital submetido à semiestagnação.

A partir de 2016, com o golpe de Estado e a prevalência da regressão econômica e social acompanhada do desmonte do Estado de bem-estar social, a inserção na relação de prestação de serviços resta como a principal ocupação. Ao mesmo tempo, essa inserção se transforma no elemento de legitimação da cidadania, cada vez mais demarcada pela privatização dos direitos sociais e trabalhistas, marcados pela ditadura das forças de mercado.

É nesse sentido que os grandes perdedores do golpismo recente têm sido os setores industriais e das micro e pequenas empresas do terciário, expostos ao acirramento da competição forçada no mercado interno de consumo mais apequenado. O abandono das fontes endógenas de expansão econômica resulta na conveniência da desocupação em massa, inclusive nos segmentos de maior escolaridade, cujas taxas de desemprego alcançam cerca de 1/3 para mestres e 1/4 para doutores.

Decorre disso a paradoxal fuga de cérebros de uma parcela da mão de obra subjugada pelo mercado de trabalho profundamente deprimido em um país caracterizado por ampla população de reduzida escolaridade. As ocupações que restam nas atividades legais da economia são, em geral, precarizadas pela ausência da contratação formal, inseguras contratualmente, com uma jornada de trabalho instável e contida remuneração.

Sabendo que o Brasil já supera 1/3 de sua mão de obra na condição autônoma, o que o coloca entre os três países com a maior taxa de concentração desse tipo de ocupação no mundo em termos relativos, acresce ainda destacar a existência aproximada de mais de seis milhões de trabalhadores vinculados às atividades de plataformas do tipo Uber, iFood, 99, Rappi, entre outros. A cidade de São Paulo assume o primeiro lugar mundial em termos de concentração absoluta de trabalhadores vinculados a aplicativos como o da Uber.

Por outro lado, o Brasil mantém em alta o trabalho da prestação de serviços às famílias de maior poder aquisitivo. Como resquício do passado escravista, ou seja, das ligações diretas do trabalho escravo no interior da Casa Grande, o país registra um contingente de mais de sete milhões de ocupações domésticas, o que representa o maior contingente do mundo associado ao exercício dessa atividade laboral.

Além disso, a economia brasileira carrega incontáveis atividades ilegais, embora as informações empíricas sejam de frágil comprovação, por pressuposto. No âmbito da contravenção, corrupção e ilegalidades em geral, contudo, as ocupações em ampliação seguem consideradas informais, sejam as remuneradas ou as não remuneradas, sustentando, assim, a sobrevivência de crescentes massas sobrantes aos interesses do capital improdutivo e financeirizado brasileiro.

De certa forma, isso parece alterar o aprendizado deixado pelo professor Francisco de Oliveira, que em seu livro *Crítica à razão dualista*, considerado o ornitorrinco do capitalismo no Brasil ao combinar o moderno com o atraso, descreveu com perfeição a funcionalidade da informalidade das massas empobrecidas no desenvolvimento do capitalismo brasileiro ao longo do século XX.[15] Entretanto, esse padrão tupiniquim de superexploração da força de trabalho estendido pela industrialização nacional ficou para trás, pois com os governos do pós-Golpe de 2016, o modelo de capitalismo possível passou a ser aquele que descarta mais de 40% da população, justamente aquela parcela que se integrava até pouco tempo no emprego destruído pela recessão e pela desregulamentação neoliberal, ou ainda na garantia de rendimentos atribuída ao Estado de bem-estar social, cada vez mais desmontada pelo ideário da austeridade fiscal.

Diante de tantos perdedores subordinados à lógica internacional, a manutenção de políticas neoliberais, privatistas e pró-mercado seria impossível, não fossem seus ganhadores que alimentam o poder político e midiático. Nesse sentido, sobressaem-se os grandes grupos econômicos exploradores da agropecuária e do extrativismo mineral e vegetal para a exportação, bem como as empresas fortemente concentradas e transnacionalizadas, associadas à redução de custos de produção pela retirada de direitos sociais e trabalhistas e pelas desonerações fiscais e subsídios financeiros.

Mesmo com a trajetória regressiva da economia brasileira desde 2015, o setor financeiro seguiu cada vez mais poderoso, operando com lucros extraordinários. A contenção do crédito público privado foi compatível com a amplitude da financeirização improdutiva, alimentada pelo sistema de dívidas que tornam prioridades dos governos pós-Golpe de 2016 e vassalas dos interesses diretos dos ganhadores o endividamento público, as políticas de austeridade fiscal e o desmonte do Estado.

---

15 OLIVEIRA, F. *A economia brasileira: Crítica à razão dualista*. São Paulo: Cebrap, 1972.

Ao mesmo tempo, surge a elevação na desigualdade da renda, que se apresenta explosiva após 2014, com aumento no índice de Gini. Nesse período, a economia decresceu 0,8% em sua média anual e o PIB *per capita* acompanhou a decadência, ficando na média de 1,5% ao ano. Em sequência, a taxa de pobreza cresceu ao ritmo de 10,4% como média anual, enquanto a taxa de desemprego aumentou em 20,1% de 2015 a 2019. Para esse período de tempo, o emprego formal decaiu 1,6% como média anual, assim como a taxa média de inflação, que passou de 6,4% em 2014 para menos de 4% em 2019.

A sociedade de serviços, que avança sem base organizativa e representativa, termina sendo submetida ao resgate das práticas da violência, cada vez mais aprimoradas desde a época das antigas picotas. Para um país que já detém a terceira maior população carcerária do mundo e responde por 14% da totalidade das mortes violentas do planeta, a emergência de governos brutalizados e insensíveis à civilidade não parece mais amedrontar instituições e defensores de um padrão mínimo de justiça pública.

Assim, a massa empobrecida da sociedade de serviços em formação soma-se à massa herdada tanto do antigo agrarismo como à que era, há pouco tempo, industrial, e submete-se ao descarte contínuo decorrente do abandono dos direitos sociais e trabalhistas do assalariamento formal e do desmonte do Estado de bem-estar social. Para todas essas massas, em acréscimo, ampliam-se as práticas pretéritas aprimoradas da violência estatal na gestão da pobreza brasileira em uma disputa pela ação das igrejas, das milícias e do crime organizado.

Dessa forma, as condições históricas pelas quais a trajetória do *apartheid social* se expressou, por meio de uma minoria integrada ao sistema que se defrontava sistematicamente com multidões crescentes de despossuídos, foram novamente retomadas. Segue-se, portanto, o aprofundamento de uma economia assentada nos baixos rendimentos, compatíveis crescentemente com a situação de pobres ocupados, em geral, no trabalho precário e informal.

Entre os anos de 1981 e 2004, por exemplo, a taxa de ocupação dos desabastados subiu 5%, tendo decrescido, contudo, em 10,4% entre 2004 e

2014, voltando a aumentar em 9,6% de 2014 a 2019. Ao comparar esses números com a evolução da estrutura familiar entre os anos de 1981 e 2014, percebe-se como as principais modificações em termos de mobilidade ascendente transcorreram na base da pirâmide social, com queda significativa entre as parcelas consideradas miseráveis e pobres.[16] Enquanto em 2014 estas respondiam por menos de 29% das famílias, em 1981 elas equivaliam a 42% do total. Nesse mesmo período, a parcela classificada como classe média-média e alta passou de 21,4% para 23,1% do total das famílias, acompanhada da ampliação dos segmentos situados na condição de pobres intermediários, que saltou de 36,1% para 44,5%.

Atualmente, prestes a completar duzentos anos de sua independência, o Brasil se apresenta cada vez mais diferente em termos populacionais, com o crescente agravamento dos efeitos decorrentes da interrupção da construção do Estado de bem-estar. Nas duas décadas finais do século passado, o país registrou o maior salto populacional, com um aumento de 44% no número de habitantes; as duas décadas iniciais do século XXI, contudo, registram um crescimento demográfico de somente 22%, exatamente a metade.

Com isso, haverá a desaceleração incremental na população brasileira, prevista em apenas 7,5% para as décadas de 2020 a 2040. Entre os anos de 2040 e 2060, o país deverá experimentar algo até então inédito, com decréscimo do tamanho absoluto de sua população em 4,3%, segundo estimativas do IBGE.

Outro aspecto importante que deve ser discutido encontra-se na continuidade da queda na proporção de homens em relação às mulheres. Até 1988, os homens eram a maioria da população (71,94 milhões ante 71,91 milhões de mulheres), passando a ser, em 2000, a minoria, ultrapassados em 1,1 milhão pelo contingente de mulheres. Espera-se, em 2060, que poderá haver quase seis milhões a mais de mulheres em relação ao contingente masculino.

---

16 A respeito disso, ver: QUADROS, W. "A profundidade da atual crise social". *Textos para discussão*, 361, 2019 (Campinas, IE/Unicamp).

Em grande medida, esse conjunto de alterações demográficas resulta na queda da taxa de fecundidade e, sobretudo, na quantidade de filhos por mulheres. Em 2018, por exemplo, a mulher em idade reprodutiva detinha, em média, 1,7 filhos, abaixo da taxa de reposição estimada em 2,2 crianças por mulher. Para o ano de 2034, a taxa de fecundidade deve se estabilizar em 1,5 filhos por mulher.

Comparando a taxa de fecundidade de 2018 com a de 2000 (2,39 filhos por mulher), a queda no número de filhos por mulher foi de 28,9%, e, levando em conta a taxa de 1980 (4,12 filhos por mulher), a redução foi de 58,7%. Enquanto as mulheres de 15 a 19 anos constituem o único segmento etário que elevou a taxa de fecundidade (de 0,08 filhos por mulher para 0,09), os demais grupos etários reduziram a quantidade de filhos em 42,8%, na faixa de 25 a 29 anos, e em 50%, de 30 a 34 anos.

Por outro lado, merece destaque a expansão na esperança de vida ao nascer. Entre 1980 e 2000, a expectativa de vida saltou de 62,6 anos para 69,9 anos, o que representou um acréscimo de, em média, 7,2 anos, ou seja, um aumento acumulado de 11,1% em vinte anos. Em 2018, a esperança de vida alcançou 76,3 anos em média (6,4 anos a mais que em 2000) e para o ano de 2060 espera-se alcançar 81,2 anos. Em comparação ao ano de 1980, a população brasileira em 2060 poderá ter, em média, 18,6 anos a mais de esperança de vida ao nascer.

Já o envelhecimento da população brasileira vem acompanhado da redução absoluta e relativa do segmento de menor idade no conjunto da população. No ano de 1986 havia 18,5 milhões de crianças de idade de zero a quatro anos, número que terminou sendo reduzido para 17,3 milhões em 2000 e para 14,8 milhões em 2018. No ano de 2060, a faixa etária de zero a quatro anos poderá ser de apenas 10,8 milhões, o que equivalerá a 4,7% da população total ante 7,1%, em 2018.

Por isso, ao se considerar a evolução da população com sessenta anos ou mais, percebe-se a profunda mudança na composição etária dos brasileiros. Se no ano de 1980 esse grupo compunha 5,9% da participação relativa do segmento etário de sessenta anos ou mais do total da população, em 2000, passou para 8,6%, até alcançar 13,4% em 2018. Para o ano de 2060, o IBGE estima que 32,2% dos brasileiros terão sessenta anos ou mais.

Diante dessa significativa transição demográfica em meio ao processo de descarte social encadeado pelo avanço da sociedade de serviços, o futuro da nação encontra-se profundamente ameaçado. Pela dinâmica dominante nos atuais governantes, o curtoprazismo segue em evidência a tal ponto de o desmonte do Estado de bem-estar social comprometer qualquer possibilidade de recuperação e elevação do padrão de vida dos brasileiros.

4.3 Considerações finais

O modelo de incorporação social, institucionalizado a partir da década de 1930 no Brasil, se viabilizou na forma do corporativismo, que, apesar de suas diversas deficiências, contribuiu para promover a identidade coletiva em torno da perspectiva do Estado-nação. Nesses termos, esse modelo conseguiu constituir um corpo orgânico de dimensão nacional, capaz de alcançar o consentimento político para agregar o conjunto de interesses particularizados, sem recuar substancialmente a estrutura de privilégios no interior da sociedade urbana e industrial.

Embora a perspectiva de construção do Estado de bem-estar social tenha viabilizado um inédito processo de inclusão social desde a transição para a democracia na década de 1980, houve distintas iniciativas governamentais durante o ciclo político da Nova República. Na "Era dos Fernandos", por exemplo, o compromisso emitido de "virar a página do getulismo" impôs ao corporativismo uma inegável inflexão.

Entre 2003 e 2014, a retomada do projeto de desenvolvimento nacional, com a crescente inclusão dos pobres no interior da sociedade, foi detida somente com o golpe de Estado de 2016. Assim, a lógica da sobrevivência enquanto principal objetivo de vida das multidões no país passou a predominar frente à crescente escassez da oferta de bens e serviços públicos motivada pela obstrução do Estado de bem-estar social.

Em alternativa às iniciativas anteriores de natureza desenvolvimentista de integração social, expandiram-se ações em geral à margem do

Estado, como aquelas de inspiração, sobretudo religiosa, bem como as corporações leigas associadas ao crime organizado e às milícias. Com o abandono crescente do acolhimento dos interesses públicos e o avanço da miséria avassaladora e da desigualdade explosiva, emergiu a nova lógica neoliberal da sociedade do descarte social.

A decadência atual imposta à estrutura social, herdada do breve período de construção do Estado de bem-estar social, fragiliza as identidades dos diferentes segmentos sociais, gerando desintegração de normas de convivência sociais. A emergência do estado de anomia social, que desmonta o padrão de integração anterior, termina por eleger a violência e a força da coerção apregoada pelo extremismo ideológico de direita que sustenta, a qualquer custo, o projeto neoliberal de uma sociedade de descarte.

Quanto mais as iniciativas na esfera privada são estimuladas, menos substituem ou compensam a retirada do Estado. Na ausência do crescimento econômico e avanço do descarte social, a estrutura social desmobiliza-se e as esperanças de um futuro melhor distanciam-se, abrigando um espaço maior para a organização das massas empobrecidas pelas igrejas e pelo crime organizado acrescido das milícias.

Um exemplo disso transcorre na temática da segurança, que, por meio da privatização dos espaços públicos e do pagamento direto por segurança não pública, estimulou a generalização do emprego de agentes privados. Em 2019, o Brasil registrou 1,7 milhões de agentes privados de segurança, significando 2,1 vezes mais que registrado em 1990.

A antiga relação de 1,5 agente privado para cada 1 agente público constatada em 1990 passou a ser de 3 agentes privados a cada 1 agente público atualmente. Em paralelo, a população carcerária no Brasil saltou de 90 mil presos em 1990 para 820 mil em 2019, multiplicando em 9,1 vezes a população carcerária no mesmo período de tempo, enquanto 14% dos homicídios ocorridos no mundo ocorrem em terras brasileiras.

Assiste-se, por fim, a emergência do Estado policial para conter o risco da insurgência das multidões empobrecidas, crescentemente instrumentalizadas tanto por igrejas quanto pelo crime organizado e pelas milícias, inclusive inseridas no funcionamento do interior da administração pública e no sistema político. O desmonte do Estado de bem-estar social, nas atuais circunstâncias da avançada desindustrialização e desarticulação da centralidade do trabalho assalariado na sociedade de serviços, tende a expressar o quanto as parcelas de brasileiros empobrecidos tornam-se descartáveis e disfuncionais ao modo capitalista de desenvolvimento neste início do segundo quarto do século XXI.

5
Estagnação e desestabilização do mundo do trabalho no Brasil

Este capítulo pretende contribuir para o entendimento acerca do atual processo de desestabilização no mundo do trabalho, que marca a complexa situação de crise no desenvolvimento do capitalismo brasileiro desde o final do século XX. Por força da trajetória precoce da desindustrialização nacional, assiste-se à desestruturação do mundo do trabalho diante do desemprego em massa e da generalização das ocupações precárias.

O resultado disso tem sido o descarte social manifestado, em grande proporção, pelo avanço da pobreza e da desigualdade. Para entender esse processo, será feita uma certa volta ao Brasil do passado, marcando a inflexão inequívoca. Além disso, os fatores que impulsionaram o processo serão divididos em duas partes constitutivas, que buscam atender, de um lado, (1) a problemática da desindustrialização nacional e seus efeitos para a economia brasileira, e, do outro, (2) o movimento da desestabilização do mundo do trabalho em curso no país.

5.1 Estagnação nacional

O fim do ciclo da industrialização brasileira desenterrou o passado, oferecendo como futuro um projeto predatório e sem pretensões civilizatórias no já longo percurso de estagnação econômica. Essa percepção não ganhou as ruas, o que tornou mais difícil superá-la, conforme já apontado na década de 1920, quando a generalização da sensação de atraso converteu-se em uma nova maioria que derrotou politicamente o projeto de Brasil arcaico, em 1932, após a ruína econômica estabelecida pela Depressão de 1929.

No primeiro quarto do século XX, a descoberta, por Rui Barbosa, da trágica questão social herdada do passado escravista ajudou a construir a percepção de quanto a realidade nacional praticamente nada havia mudado, mesmo depois de quatro décadas de República Velha (1889-1930). Em função disso, a passagem para a sociedade urbana e industrial se viabilizou, projetando a perspectiva de vida coletiva e uma mudança substancial no padrão de convivência pública, sobretudo com a instalação do Estado moderno no Brasil a partir da década de 1930.

Com o deslocamento de enormes parcelas de trabalhadores rurais para as atividades urbanas de manufaturas e serviços, a industrialização nacional foi acompanhada de uma elevada produtividade até os anos 1980. Assim, as antigas atividades de subsistência no campo foram sendo substituídas por ocupações novas e modernas nos setores industriais e de serviços.

Simultaneamente, o padrão de reprodução dos ricos associou-se ao investimento privado, que mesmo em parceria com o setor público dependeria da expansão dos mercados de consumo. Com isso, constituiu-se uma burguesia dirigente com certo discernimento acerca da importância de garantir o crescimento do mercado interno e do projeto de longo prazo do desenvolvimento da nação.

Na atualidade da desindustrialização precoce e do ingresso antecipado à sociedade de serviços, os ganhos de produtividade encontram-se praticamente estancados frente à perda dos empregos industriais, sem que a trajetória de terciarização da economia nacional pudesse compensar por meio de ocupações superiores. Isso ocorre porque as atividades que mais crescem são aquelas vinculadas mais ao inchamento dos serviços tradicionais do que às tecnologicamente avançadas.

Destroem-se, por exemplo, empregos de remuneração em torno de setenta mil reais anuais na manufatura e criam-se ocupações inferiores a quinze mil reais por ano nas atividades como comércio ambulante, serviços em restaurante, asseio e segurança. Também por isso o padrão de reprodução dos ricos, até então vinculado ao desenvolvimento da manufatura e aos serviços de maior produtividade, terminou sendo corroído pelo enriquecimento do patronato, este associado às atividades mais tradicionais, cuja produtividade comprimida o torna crescentemente dependente do próprio orçamento governamental.

Esse parece ser o caso dos negócios conduzidos no mercado financeiro, agronegócio, comércio varejista, religião, crime organizado, milícias, serviços privados (saúde, educação, previdência), alta burocracia e carreiras do Estado. No cenário da desindustrialização e estagnação da produtividade, a antiga burguesia industrial enfraqueceu e assistiu, por consequência, à emergência dos novos enriquecidos pelo inchamento dos serviços de baixa produtividade, que se reposicionam no interior do bloco de poder dominante em direção à reprodução dos seus próprios interesses imediatos.

Por dependerem do orçamento público, como ocorre na sonegação, desoneração, isenção, subsídios fiscais e creditícios, perdão de dívidas públicas, prevalência de elevadas taxas de juros, entre outras, os mais abastados, que compõem o patronato, constituem uma base no executivo e no parlamento capaz de patrocinar a reorientação do Estado a seu favor. A interrupção das políticas inclusivas e o desembarque dos pobres – e, agora, também daqueles que se encaixam na classe média – do orçamento público torna mais confortável o exercício da autocracia dos ricos em uma economia sem dinamismo e dominada por um inchado setor de serviços de contida produtividade.

A asfixia dos recursos públicos se apresenta seletiva e orientada ao atendimento dos novos enriquecidos a partir do desmanche das políticas inclusivas e da privatização, ampliadora das fontes de riqueza a serem exploradas nas atividades até então exercidas pelo Estado. Com isso, a autocracia dos novos ricos se beneficia amplamente. De um lado, se beneficiam pelo corte de recursos públicos não financeiros, que trata de acomodar a dependência à sonegação, perdão de dívidas, desoneração, isenção, subsídios fiscais e creditícios e rentismo sustentado por altas taxas de juros. De outro, pela transformação das funções de estatais e dos serviços públicos em negócios a serem explorados privadamente pelos herdeiros do inchamento do setor de serviços diante da ausência de investimentos que sustentem a expansão produtiva nacional.

5.1.1 Constrangimentos externos

A industrialização brasileira percorreu um período histórico de cerca de cinco décadas, demarcadas por dois fundamentais parâmetros de dimensão externa. O primeiro associou-se à estabilidade no padrão técnico de produção alcançado com o desenvolvimento do fordismo após a consolidação da Segunda Revolução Industrial e Tecnológica (1870-1910). O segundo decorreu da perspectiva de capitalismo organizado estabelecida durante o interregno da primeira onda de globalização capitalista (1870-1914), também definida por imperialismo. O segundo pós-Guerra Mundial permitiu, por cerca de três décadas, a manifestação dos chamados anos dourados do capitalismo pela regulação econômica de Bretton Woods e pela combinação política do crescimento econômico com a democracia e a inclusão social.

Desde a segunda metade da década de 1970, esses dois parâmetros de dimensão externa mudaram radicalmente. A começar pelo fim do Acordo de Bretton Woods, o qual estimulou o surgimento da segunda onda de globalização capitalista, comandada pelas grandes corporações transnacionais desde 1980.

Também na década de 1970 os sinais de esgotamento identificados junto à organização fordista de produção foram respondidos por novos investimentos voltados à propulsão de uma Terceira Revolução Industrial e Tecnológica. As intensas inovações de processos e produtos impuseram uma significativa instabilidade e descontinuidade no padrão técnico de produção de manufatura.

Em virtude da segunda onda de globalização capitalista e da instabilidade tecnológica, a industrialização nacional se viu diante de constrangimentos externos até então inesperados. As reações de parte dos governos brasileiros praticadas desde a década de 1970 foram permeadas por equívocos e insucessos.

5.1.2 Equívocos internos

Diante da primeira recessão descoberta em 1973 nos países de capitalismo avançado desde o período após a Segunda Guerra Mundial, o governo militar afastou-se da tentativa de adotar a agenda restritiva ao crescimento brasileiro defendida por Mário H. Simonsen e implementou o II Plano Nacional de Desenvolvimento (1975-1979). O importante projeto do governo Geisel permitiu completar o ciclo da industrialização, sem responder aos desafios estabelecidos pela Terceira Revolução Industrial e Tecnológica, conforme a Coreia do Sul, por exemplo, conseguiu realizar.

Além disso, a promoção da primeira recessão (1981-1983) desde a Depressão Econômica de 1929 provocou certo deslocamento da centralidade do desenvolvimento nacional do mercado interno para o externo diante do acordo de pagamento da dívida externa contraída anteriormente. O programa de ajuste exportador, em parceria com o FMI, levou ao maior fechamento da economia nacional, atrasando ainda mais a competitividade e a incorporação de novas tecnologias pela industrialização nos anos 1980.

Na virada para o século XXI, os governos neoliberais (1990-2002) impuseram o modo passivo e subordinado de inserção na segunda onda de globalização capitalista. Se, de um lado, a viabilização do Plano Real se mostrou favorável à estabilidade monetária após mais de uma década de superinflação, de outro, restringiu brutalmente a capacidade da indústria nacional de competir, com elevadas taxas de juros e prevalência da valorização cambial.

Nos anos 2000, os governos do PT se mostraram capazes de reconstruir o dinamismo econômico, porém sem se afastar adequadamente da agenda do tripé macroeconômico. Ademais, os avanços na industrialização, possibilitados pelas políticas desenvolvimentistas, encontraram maior resistência por parte das corporações transnacionais e dos Estados Unidos, que atuaram contrariamente ao processo de integração latino-americano e articulação com os BRICS.

Nos últimos cinco anos, contudo, o desfecho da industrialização foi acelerado pela retomada do receituário neoliberal, responsável pelo desencadeamento de um novo quadro recessivo na economia nacional. O setor industrial foi o mais atingido pela queda no nível de produção, cuja alternativa tem sido a substituição de produtos nacionais por importados, o que tem mantido um significativo *deficit* de manufatura na balança comercial.

O desfazimento mais recente das políticas de defesa da produção nacional e de estímulo aos investimentos pode comprometer, em definitivo, as possibilidades futuras de reindustrialização do país. Ademais, sem uma base industrial consolidada, dificilmente o Brasil, com mais de duzentos milhões de habitantes, poderá retomar o rumo do desenvolvimento nacional.

5.2 Desestabilização do mundo do trabalho

Em quase quatro séculos de um persistente regime de acumulação extensiva, o Brasil percorreu o modo de produção pré-capitalista assentado na prevalência do trabalho escravo. Sua dinâmica dependeu dos recorrentes ciclos de incorporação dos excedentes comercializáveis gerados a partir da expansão horizontal das atividades econômicas em sucessivos enclaves territoriais, associados à produção interna dependente do extrativismo e da agropecuária.

Somente na consolidação do modo de produção capitalista desde a década de 1880 é que se tornou possível a passagem para o regime de acumulação intensiva, inaugurando a formação e a estruturação do mercado de trabalho. Em suas primeiras décadas, o desenvolvimento capitalista no Brasil se mostrou profundamente desigual na expansão e assimétrico na absorção do progresso técnico, fruto da relação hierárquica imposta pelo centro desenvolvido à periferia subdesenvolvida.

Foi nesses termos que a emergência do regime de acumulação extensiva prevaleceu dependente das trocas dos excedentes comercializáveis da produção interna primário-exportadora. Com a maioria da população integrada ao campo, a força política das antigas oligarquias locais resistia à qualquer possibilidade de transformação civilizatória que implicasse ceder riqueza e participação política.

O mundo do trabalho mudou muito pouco durante a República Velha (1889-1930), não fosse a soltura dos escravos, apesar do impacto extremamente negativo para os libertos, que não foram integrados à sociedade e ainda sofreram com a presença da ampla imigração de mão de obra branca, que ocupou os espaços até então dependentes do trabalho forçado. O aprofundamento do subdesenvolvimento gerou, contudo, a manifestação e a defesa do movimento em prol da modernização interna, sobretudo a partir da década de 1920.

A Revolução de 1930 consagrou o movimento modernista, cuja receita para a superação do subdesenvolvimento dependia da implementação do projeto nacional desenvolvimentista associada à industrialização e urbanização do país. Diante da reação liberal conservadora expressa pelas oligarquias primário-exportadoras, a mudança de eixo na dinâmica econômica somente se mostrou possível a partir da convergência histórica de dois fatores: o externo e o interno.

De um lado, o fator externo, possibilitado pela interrupção da primeira onda de globalização capitalista a partir do entreguerras mundiais (1914-1945), que permitiu pôr fim ao velho colonialismo imperial, abriu espaço para o crescimento dos Estados nacionais. Dessa forma, consolidou-se o sistema interestatal de governança mundial, o que representou a possibilidade da difusão de políticas públicas de regulação da competição capitalista em várias dimensões no espaço nacional (social, econômico, político e cultural).

Antes disso, a prevalência da primeira onda de globalização, centrada na Inglaterra (1870-1914), assentava-se na organização capitalista por meio dos impérios e de suas relações com as respectivas colônias. Mesmo aos poucos países existentes, a escassa política pública encontrava-se associada ao Estado mínimo enquanto produto da hegemonia da ordem econômica liberal vigente à época.

A desconstituição do sistema colonial a partir da Primeira Guerra Mundial possibilitou o surgimento de mais de 150 novos países no mundo, especialmente com o surgimento da Organização das Nações Unidas (ONU) em 1945. Em função disso, a economia de cada país terminou sendo subordinada à soberania e autonomia do desenvolvimento das políticas públicas de regulação em diversas dimensões do espaço nacional.

De outro lado, o fator interno, impulsionado pelo movimento de modernização desaguador da Revolução de 1930 e de seu projeto nacional de desenvolvimento patrocinador da passagem da primitiva sociedade agrária para a sociedade urbana e industrial, possibilitou, por mais de meio século, o avanço considerável da regulação capitalista nas dimensões econômica, social, política e cultural diante da ascensão do Estado moderno no país.

Como produto de sua época, a CLT buscou convergir, sistematizar e generalizar o conjunto diverso e fragmentado de legislações estabelecidas até a década de 1930 pela força de categorias específicas de trabalhadores, o que permitiu o trabalho em novas bases. Combinada ao dinamismo da industrialização, a expansão do trabalho regulado pela CLT favoreceu o inédito salto de uma grande classe média assalariada e a ampla parcela da classe trabalhadora industrial, deixando para trás os eventos das ocupações próximas da escravidão ainda presentes na República Velha (1889-1930).

Dessa forma, a contínua constituição da sociedade salarial foi demarcada pelo movimento inédito de estruturação do mercado de trabalho. Embora não tivesse alcançado o mesmo patamar do trabalho regulado verificado nos países desenvolvidos, o Brasil deu passos importantes e inegáveis nesse sentido.

Tudo isso, contudo, vem sendo modificado consideravelmente desde a década de 1980 com a emergência de uma segunda onda de globalização capitalista. A sua principal força propulsora são as Corporações Transnacionais, que pela desregulação decorrente do receituário neoliberal impõem seus interesses contrários às políticas públicas tributárias, ambientais, sociais, trabalhistas, entre outras. Esse processo de desregulação em curso enfraquece a soberania e a autonomia das políticas públicas e torna-as cada vez mais subordinadas à ordem econômica de caráter neocolonial. Nessas circunstâncias, a reformulação do sistema de proteção social e trabalhista vem rapidamente ocorrendo desde o segundo semestre de 2016 no Brasil.

Por conta disso, parte-se do pressuposto de que a reforma trabalhista e a generalização da terceirização fundamentam-se tanto no abandono da sociedade urbana e industrial como na aposta da nova sociedade de serviços. Diante da inequívoca alteração na infraestrutura produtiva, sobretudo do que resultará do curso da mais grave e profunda recessão econômica, seu impacto parece inegável tanto na estrutura da sociedade como em sua superestrutura representada por suas instituições e regulações.

Desde os anos 1990, o esgotamento da industrialização vem dando lugar a outro sistema econômico, assentado nos serviços sob a dominância do rentismo financeiro ao lado da dependência da produção e exportação de produtos primários. Com essa transformação na infraestrutura produtiva, a estrutura da sociedade salarial passou a sofrer as consequências do enxugamento tanto da classe média assalariada como da velha classe trabalhadora industrial.

Surgiu a emergência, como consequência, da nova classe trabalhadora de serviços e da classe média proprietária. Até mesmo a tradicional burguesia industrial se converteu rapidamente na tradicional burguesia comercial e financeira, cada vez mais dependente do rentismo financeiro e do parasitismo orçamentário.

Nesse sentido, as políticas públicas de regulação herdeiras da industrialização nacional encontraram no ciclo político da Nova República (1985-2014) uma base fecunda para a sua ampliação. Ainda que não houvesse correlação de forças suficientes para a implementação das necessárias reformas estruturais no capitalismo brasileiro, conforme previsto nos programas do Clube 3 de Outubro nos anos 1930, das reformas de base dos anos 1960 e do documento Esperança e Mudança na transição da ditadura para a democracia nos anos 1980, o país constituiu o sistema corporativo de relações de trabalho assentado na institucionalidade da Consolidação das Leis do Trabalho (CLT). Esta jamais teria sido desconstituída, mesmo que houvesse governos de posição *antilabor*, que a pressionavam objetivando a flexibilização regulatória e a coerção sindical e que, no entanto, impediam, de certa forma, o seu desmonte em várias dimensões.

A ascensão dos novos governos desde o golpe de 2016 encerra o ciclo político da Nova República, trazendo consigo o receituário econômico neoliberal que havia sido derrotado nas eleições presidenciais realizadas entre 2002 e 2014. Com isso, houve o esvaziamento da soberania e da autonomia do Estado nacional, imposto pela subordinação patrocinada pelas forças políticas dominantes ao sistema neocolonial, assentado na segunda onda de globalização capitalista que foi impulsionada pelos Estados Unidos a partir de 1980.

O desmonte da CLT, estabelecido pela reforma trabalhista e generalização da terceirização, resulta da passagem do Estado desenvolvimentista inaugurado na década de 1930 para o Estado neoliberal. Entretanto, não se trata, necessariamente, da volta ao Estado mínimo da República Velha, mas de sua atuação centrada na acomodação dos interesses dominantes do rentismo financeiro e do parasitismo orçamentário.

Para tanto, a desregulação das políticas públicas, o corte de recursos orçamentários e a privatização se apresentaram indispensáveis. A desmontagem da CLT aponta e consolida o fim do trabalho como até então se conhecia, com a desestruturação da sociedade salarial diante da desindustrialização precoce e da antecipação da sociedade de serviços.

5.2.1 Força e fraqueza do trabalho regulado

A longa e gradual jornada de efetivação da regulação do mundo do trabalho no Brasil encontrou o seu descenso com a interdição do governo democraticamente eleito em 2014. Com o impedimento da presidenta Dilma em 2016, uma série de projetos liberalizantes da legislação social e trabalhista, que se encontrava represada desde a ascensão da nova Constituição Federal, em 1988, passou a ser a descortinada.

Contudo, a atual desregulação não se constituiu a única desde a Revolução de 1930, quando teve início a implantação das bases atuais do sistema de regulação social e trabalhista. Com a transição da velha sociedade agrária para a urbana e industrial, o mundo do trabalho conheceu quatro fases distintas de desregulação, nenhuma, contudo, comparável à atual.

Até a década de 1930, o mercado nacional de trabalho encontrava-se em construção. Por oito décadas, desde 1850, com as restrições ao tráfico de escravos e a implantação da lei de terras, a transição para o capitalismo foi gradualmente criando o mercado de trabalho. Com a implantação do projeto nacional de urbanização e industrialização a partir da Revolução de 1939, a condição anterior dos mercados regionais de trabalho foi sendo superada pela implantação de um sistema nacional de regulação pública do trabalho.

Mesmo diante da passagem do Império para a República, em 1889, a regulação do mercado de trabalho terminou postergada frente à prevalência da situação de "liberdade do trabalho", definida pela primeira constituição republicana em 1891. Nem mesmo a aprovação, em 1926, da emenda constitucional nº 29, que possibilitou ao Congresso Nacional legislar sobre o tema do trabalho, alterou a perspectiva liberal de manter o Estado fora da regulação social e trabalhista.

Durante a República Velha (1889-1930) prevaleceu o projeto de branqueamento populacional herdado do Império (1822-1889), que se constituiu no ingresso de imigrantes brancos nos principais postos de trabalho livre. Com isso, a maior parcela dos brasileiros permaneceu excluída do ingresso no modo de produção capitalista, uma vez que a elite agrária entendia que a presença indígena, negra e miscigenada responderia pelo atraso nacional.

Assim, o Brasil, pelo censo demográfico de 1940, concluiu que cerca de 2/3 do total da população era constituída por brancos. Quase sessenta anos antes, a população não branca (indígenas, negros e miscigenados) representava quase 2/3 do total de residentes, segundo o censo demográfico de 1872.

A partir da Revolução de 1930, contudo, a regulação do trabalho se constituiu como novidade difundida fragmentadamente, segundo a pressão localizada de categorias mais fortes de trabalhadores. Exemplo disso foi a legislação de 1932, que obrigou os estabelecimentos urbanos a contratar pelo menos 2/3 dos seus empregados de trabalhadores nascidos ou naturalizados no país, o que favoreceu a inclusão da mão de obra nacional (negros e miscigenados) e as restrições à imigração.

Após uma década de embates, com avanços pontuais na implantação de um conjunto de leis dispersas na regulação do emergente emprego assalariado, foi implementada a Consolidação das Leis do Trabalho (CLT) no ano de 1942. Somente com o regime político autoritário do Estado Novo (1937-1945) o sistema nacional de regulação pública do trabalho pôde, enfim, ser implementado.

Ainda assim, a maior parte dos trabalhadores foi excluída do código do trabalho frente à oposição liberal conservadora dos proprietários rurais, antiga força dominante na República Velha, que penava permitir a chegada da regulação pública do trabalho no meio rural. A contrarrevolução de 1932 expressou muito bem a oposição do conservadorismo agrário à modernização da relação capital-trabalho.

Somente duas décadas após a aprovação da CLT, com a aprovação do Estatuto do Trabalhador Rural, em 1963, a possibilidade de incorporação lenta e gradual do trabalho rural no sistema de regulação pública do trabalho passou a funcionar. Além disso, um verdadeiro adicional de medidas complementares foi sendo introduzido, como o 13º salário, a assistência, a aposentadoria do trabalhador rural, entre outros.

Mas foi somente pela Constituição Federal de 1988, ou seja, 45 anos após a implementação da CLT, que os trabalhadores rurais passaram a ter direitos equivalentes aos empregados urbanos, embora ainda hoje haja segmentos dos ocupados sem acesso à regulação social e trabalhista. Na década de 1940, por exemplo, a CLT atingia menos de 10% dos trabalhadores, enquanto que no ano de 2014, cerca de 2/3 dos empregados encontravam-se submetidos ao sistema de regulação pública do trabalho.

Diante disso, destaca-se o aparecimento de uma primeira fase de desregulação da legislação social e trabalhista, transcorrida durante a segunda metade da década de 1960 com a ascensão da Ditadura Civil-Militar (1964-1985). Nesse contexto, a implantação do Fundo de Garantia por Tempo de Serviço (FGTS) não apenas interrompeu a trajetória da estabilidade no emprego como inaugurou uma enorme rotatividade na contração e demissão da mão de obra no Brasil.

A taxa de rotatividade, que atingia cerca de 15% da força de trabalho anualmente na década de 1960, rapidamente foi acelerada, aproximando-se da metade do número de empregos formais do país. Com isso, houve aumento da generalização do procedimento patronal de substituir empregados de maior salário por trabalhadores de menor remuneração, o que tornou o tempo de trabalho na mesma empresa concentrado em poucos estabelecimentos, especialmente no setor público e nas grandes empresas privadas.

Na política salarial vigente entre 1964 e 1994, o resultado foi, em geral, a perda do poder de compra do rendimento dos trabalhadores, sobretudo no valor real do salário mínimo, que atende a base da pirâmide distributiva do país. Diante da significativa expansão da produtividade do trabalho, os salários perderam a corrida não apenas para a inflação, mas também para os ganhos de produtividade, o que contribuiu ainda mais para o agravamento da desigualdade de renda no Brasil.

Essa segunda fase da desregulação se caracterizou pelo deslocamento da evolução dos rendimentos do trabalho do comportamento acelerado da produtividade, trazendo, por consequência, a prevalência de uma economia industrial de baixos salários. Ao mesmo tempo, uma enorme desigualdade se fortaleceu tanto na intrarrenda do trabalho, revelada pela relação entre as altas e as baixas remunerações, como entre o rendimento do trabalho e as demais formas de renda da propriedade (juros, lucros, aluguéis e outras).

A terceira fase da desregulação do trabalho pode ser constatada na década de 1990 com a dominação de governos de orientação neoliberal. Dessa forma, assistiu-se à generalização de medidas de liberalização da contratação de trabalhadores por modalidades abaixo da orientação estabelecida pela CLT. Entre elas, a emergência desregulada da terceirização dos contratos em plena massificação do desemprego e precarização das relações de trabalho.

Todavia, a partir da segunda metade da década de 2010, uma quarta fase da desregulação das leis sociais e trabalhistas foi desencadeada.

Com a aprovação da lei geral da terceirização e da reforma trabalhista, a septuagenária CLT foi profundamente modificada como jamais antes nas fases anteriores da desregulação do trabalho.

A atualidade da reformulação encontra-se inserida na lógica da desconstituição do trabalho tal como se conhece, pois integra o novo sistema da uberização do trabalho no início do século XXI. Isso porque o modo Uber de organizar e remunerar a força de trabalho distancia-se crescentemente da regularidade do assalariamento formal, acompanhado, geralmente, pela garantia dos direitos sociais e trabalhistas.

Como os direitos sociais e trabalhistas passam crescentemente a ser tratados pelos empregadores e suas máquinas de agitação e propaganda como sendo fundamentalmente custos, a contratação direta, sem direitos sociais e trabalhistas, impulsiona uma competição individual maior entre os próprios trabalhadores em favor dos patrões. Os sindicatos ficam de fora da negociação, contribuindo ainda mais para um esvaziamento do grau de organização em sua própria base social.

Ao depender cada vez mais do rendimento diretamente recebido, sem mais a presença do histórico salário indireto (férias, feriado, previdência, etc.), os fundos públicos voltados ao financiamento do sistema de seguridade social enfraquecem, quando não contribuem para a prevalência da sistemática do rentismo financeiro. Nesse sentido, a consolidação da nova classe trabalhadora do precariado assenta-se na expansão dos serviços e das ocupações de renda intermediária dos proprietários de micro e pequenos negócios.

5.2.2 Sociedade salarial desestruturada

A confirmação da interrupção do governo Dilma concedeu inédita força ao retorno da era da desregulação das políticas sociais e trabalhistas, conforme estabelecido pela Constituição Federal de 1988. Apesar da decadência do padrão de industrialização e regulação fordista em 1990, o Brasil postergou seus efeitos destrutivos para o trabalho com o avanço das políticas públicas no âmbito do ciclo político da Nova República (1985-2014).

Pelo novo arranjo político encadeado desde 2016, o movimento da desestruturação da sociedade salarial ganha impulso pela desregulação das políticas públicas, apontando para uma nova estrutura social conformada pela maior polarização entre a base e o cume da estrutura social. Assiste-se, assim, à transição das tradicionais classes médias assalariadas e de trabalhadores industriais para o novo e extensivo precariado e ao avanço da classe média proprietária dos pequenos negócios, o que anuncia a crescente polarização social (BECK, 2000; POCHMANN, 2012; STANDING, 2013; BRAGA, 2017).

O vazio proporcionado pela desindustrialização vem sendo ocupado pela chamada sociedade de serviço, que constitui, nesse sentido, uma nova perspectiva de mudança estrutural do trabalho como se conheceu no Brasil. Essa mudança torna cada vez mais intenso o padrão de exploração do trabalho frente ao esvaziamento da regulação social e trabalhista e às promessas de modernidade pelo receituário neoliberal, que não se realizam.

Certamente embalados por certo determinismo tecnológico e por saltos imaginados na produtividade do trabalho imaterial, uma nova gama de promessas foi forjada visando à almejada sociedade do tempo livre, estendida pelo avanço do ócio criativo, da educação em tempo integral e da contenção do trabalho heterônomo (apenas pela sobrevivência). O neoliberalismo seguiu ampliando o número de apoiadores no mundo, penetrados cada vez mais pela cultura midiática do individualismo e pela ideologia da competição.

Com isso, surgiu a perspectiva de que as mudanças nas relações sociais repercutiriam inexoravelmente sobre o funcionamento do mercado de trabalho. Com a transição demográfica, novas expectativas foram sendo apresentadas. A propaganda da elevação da expectativa de vida para próximo de cem anos de idade, como exemplo, deveria abrir uma inédita perspectiva à postergação do ingresso no mercado de trabalho para a juventude completar o ensino superior, estudar a vida toda e trabalhar com jornadas semanais de até doze horas.

A nova sociedade pós-industrial, assim, ofereceria um padrão civilizatório jamais alcançado pelo modo capitalista de produção e distribuição (MASI, 1999; REICH, 2002; SANTOS; GAMA, 2008). O racionalismo neoliberal se constituiu sob esse manto de promessas, que garantiriam uma maior libertação do homem do trabalho pela luta da sobrevivência (trabalho heterônomo) por meio da postergação da idade de ingresso no mercado de trabalho somente após o cumprimento da oferta educacional ao longo da vida e, por fim, do ensino superior.

De certa forma, isso trouxe o entendimento de que o esvaziamento do peso relativo da economia nacional, proveniente dos setores primário (agropecuária) e secundário (indústria e construção civil), consagraria a expansão superior do setor terciário (serviços e comércio) (BELL, 1973; ARON, 1981). Enfim, estaria a surgir uma sociedade pós-industrial protagonista de conquistas superiores aos marcos do que era possível desde a década de 1930.

Essas promessas, contudo, não se mostraram efetivas e tampouco aguardadas pela modernização neoliberal de realização. Em pleno curso da transição para a sociedade de serviços, a inserção no mercado de trabalho precisou ser gradualmente postergada, possivelmente para o ingresso na atividade laboral somente após a conclusão do ensino superior, com idade acima dos 22 anos, e saída sincronizada do mercado de trabalho para o avanço da inatividade. Tudo isso foi acompanhado por uma jornada de trabalho reduzida, o que permite observar que o trabalho heterônomo deve corresponder a não mais do que 25% do tempo da vida humana.

É nesse sentido que se apresenta a perspectiva do trabalho humano. Destaca-se que na antiga sociedade agrária, o trabalho começava entre os cinco e seis anos de idade e ia até praticamente o último dia de vida, com jornadas de trabalho extremamente longas (catorze a dezesseis horas por dia) e sem períodos de descanso, como férias e inatividade remunerada (aposentadorias e pensões). Para alguém que conseguisse chegar aos quarenta anos de idade, tendo iniciado o trabalho aos seis anos, por exemplo, o tempo dedicado somente às atividades laborais absorvia cerca de 70% de toda a sua vida.

Na sociedade industrial, o ingresso no mercado laboral foi postergado para os dezesseis anos de idade, garantindo aos ocupados, a partir daí, o acesso ao descanso semanal, férias, pensões e aposentadorias, provenientes da regulação pública do trabalho. Com isso, alguém que ingressasse no mercado de trabalho depois dos quinze anos de idade e permanecesse ativo por mais cinquenta anos teria, possivelmente, mais alguns anos de inatividade remunerada (aposentadoria e pensão).

Assim, cerca de 50% do tempo de toda a vida estaria comprometido com o exercício do trabalho heterônomo. A parte restante do ciclo da vida, não dedicada ao trabalho ou à sobrevivência, deveria estar associada à reconstrução da sociabilidade, estudo e formação, cada vez mais exigidos pela nova organização da produção e distribuição internacionalizada.

Diante dos elevados e constantes ganhos de produtividade, torna-se possível a redução do tempo semanal de trabalho de algo ao redor de quarenta horas para não mais que vinte horas. De certa forma, a transição entre as sociedades urbana-industriais e pós-industriais tende a não mais separar nítida e rigidamente o tempo do trabalho do não trabalho, podendo gerar maior mescla entre os dois, com maior intensidade e risco da longevidade ampliada da jornada laboral para além do tradicional local de exercício efetivo do trabalho.

É dentro desse contexto que se recoloca, em novas bases, a relação do tempo de trabalho heterônomo e a vida. Em geral, o funcionamento do mercado de trabalho relaciona, ao longo do tempo, uma variedade de formas típicas e atípicas de uso e remuneração da mão de obra, com excedente de força de trabalho derivado dos movimentos migratórios internos e externos sem controle.

Tudo isso, contudo, encontra-se cada vez mais distante diante da posição da maior parte dos países durante a segunda globalização capitalista protagonizada pela força da grande corporação transnacional. Ganha maiores dimensões não a modernidade, mas o sistema neocolonial, no qual a antiga soberania e autonomia das políticas públicas nacionais encontram-se substituídas pela ordem econômica neoliberal, que estimula a competição pelo rebaixamento da regulação nacional da tributação, do trabalho, do meio ambiente, entre outras.

No caso brasileiro, o esgotamento do ciclo político da Nova República, juntamente ao abandono de parte das forças políticas do regime democrático da aceitação do resultado eleitoral de 2014, implicaram no esvaziamento da soberania e autonomia das políticas públicas. Com isso, houve o deslocamento das decisões internas para a agenda de interesse do sistema neocolonial em curso.

A dependência crescente da produção e exportação de produtos primários, em meio ao esvaziamento da indústria, coloca o novo ordenamento do trabalho no setor de serviços sob a dominância do rentismo financeiro. Ou seja, há uma redução crescente do custo do trabalho como elemento da competição capitalista. A queda no custo do trabalho tem sido intensa, implicando desde 2016 no seu rebaixamento para além do praticado na China. Consequentemente, esse decréscimo mostra-se como sinal de que o conservadorismo da pauta patronal se encontra em vigor, colocando em segundo plano a opção pela modernidade dos investimentos no progresso técnico e da redistribuição dos ganhos de produtividade para todos.

Com isso, retorna, enfim, a velha e conhecida condição nacional assentada na desigualdade extrema, assim como a normalidade histórica restabelecida pelo regime político de democracia de aparência, da economia dependente do exterior e da exclusão dos pobres do orçamento público.

5.2.3 Desconstituição do emprego formal

O emprego formal, tal como se conhece de sua evolução desde a década de 1930, sofreu uma profunda inflexão desde a adoção da terceirização nas chamadas atividades-meio. Originalmente estabelecida na grande empresa privada, quando houve a substituição do modelo fordista pelo sistema toyotista de produção desde o final da década de 1960 nas economias capitalistas avançadas, a terceirização somente ganhou força no Brasil com a experiência dos governos neoliberais da década de 1990.

Mesmo assim, a flexibilização do trabalho implementado pela terceirização foi mediada pela regulação pública, que a permitiu na forma de terceirização apenas nas atividades definidas como meio no interior do processo produtivo. Nesse mesmo sentido, a terceirização condicionada avançou nos empregos tanto privados como públicos nos anos 1990, quando o país aplicou um conjunto de políticas públicas voltadas à inserção na segunda onda de globalização capitalista.

Em pleno ciclo político da Nova República, a estabilidade democrática, com prevalência de correlação de forças políticas relativamente equilibradas, impossibilitava a dominância de políticas públicas desreguladas. Assim, o Brasil insere-se na globalização neoliberal com resistências internas consideráveis.

Em decorrência disso, a terceirização avançou mediada apenas pelas possibilidades conferidas às atividades intermediárias. A externalização das funções internas das grandes empresas transcorreu concentrada tanto naquelas especializadas, ocupadas por profissionais qualificados nas áreas de inteligência, planejamento, propaganda, consultoria, pesquisa, entre outras, como nas de base, associadas à segurança, asseio e limpeza, alimentação, transporte etc. Assim, o emprego de serviços incrustados e disseminados no interior das grandes empresas de manufaturas, por exemplo, se deslocou para empresas menores voltadas ao atendimento dessas funções. Ou seja, teve início a ascensão dos micros e pequenos negócios, que passaram a protagonizar a ascensão da classe média proprietária.

Pelo processo toyotista de produção, a antiga empresa fordista perdeu sentido, pois passou a valer o estabelecimento enxuto no emprego direto da mão de obra em suas atividades finalísticas. Tanto o emprego industrial encolheu como as ocupações de classe média assalariada se reduziram, convertidas, cada vez mais, em contratos de personalidade jurídica e de empregador nos micro e pequenos negócios em ascensão.

Do setor privado, o modelo da terceirização foi levado ao setor público. No Brasil, o emprego público vem sendo afetado desde os anos 1990 com o avanço da terceirização nas atividades não finalísticas. Nesse sentido, houve o desaparecimento das tradicionais funções exercidas nas chamadas atividades-meio do setor público, como secretaria, segurança, limpeza, alimentação, transporte, entre outras. Para tanto, o concurso público como meio oficial de emprego no setor público se converteu, desde então, em licitação pelo menor preço em prol da ocupação das atividades-meio no setor público brasileiro.

Ainda que o movimento de desconstituição parcial do emprego formal, iniciado nos anos 1990, tenha sido contido pelos governos dos anos 2000, a terceirização do emprego nas atividades-meio não foi revertida. Mesmo assim, prevaleceram as ocupações formais nas atividades finalísticas do processo produtivo.

Com a aprovação da lei que generaliza a terceirização e o desmonte da CLT, a desconstituição do emprego formal ganhou um novo impulso, pois as funções finalísticas nas atividades produtivas passam a ser incorporadas ao processo de terceirização. Dessa forma, ocupações como as da classe média assalariada são substituídas pela ascensão da classe média proprietária em micro e pequenos negócios.

A mudança em curso na natureza do emprego formal da mão de obra revela a promoção governamental em torno da adesão ao sistema neocolonial, com a desnacionalização dos ativos nacionais e a subordinação da grande corporação transnacional. Com isso, o Estado continuará a deter uma parcela significativa do excedente econômico gerado. Diante da mais grave crise do capitalismo brasileiro, transcorrida simultaneamente à restrição do regime democrático desde o final de 2014, quando parte da oposição partidária derrotada não mais aceitou o resultado da eleição presidencial, um conjunto importante de medidas desregulatórias do mercado de trabalho foi rapidamente implementado.

O resultado disso foi o aprofundamento do sentido geral da desestruturação do mercado de trabalho, que já se encontrava em curso mediante a desindustrialização precoce e a transição antecipada para a sociedade de serviços. Apesar do discurso patronal de incentivo à redução do custo do trabalho e à flexibilização contratual, enquanto argumento decisivo para a geração de novos postos de trabalho, o nível geral dos empregos assalariados não retornou, tampouco a formalização dos contratos de trabalho foi garantida, transcorrendo justamente o contrário no período mais recente, pós-2014.

Levando em conta a reforma trabalhista introduzida desde o final de 2017, percebe-se que ela tem favorecido o deslocamento do emprego assalariado formal para o contrato informal e as ocupações autônomas. Todas essas formas de trabalho, atualmente em crescimento, transcorrem à margem da regulação social e trabalhista, descomprometida do financiamento do sistema público de aposentadoria e pensão.

Acompanhando a evolução recente das ocupações assalariadas informais, constata-se o crescimento de quase 12% entre os anos de 2014 e 2018. No mesmo período de tempo, os empregos assalariados formais sofreram uma redução de 9,5%. Constata-se, além disso, uma significativa elevação das ocupações autônomas. Entre os anos de 2014 e 2018, por exemplo, o total dos trabalhadores autônomos aumentou em 9,6%, tendo os contratos sem reconhecimento de pessoa jurídica registrada (CNPJ) uma expansão de 10,8% em comparação aos postos de trabalho autônomo com CNPJ (4,8%).

De forma geral, no avanço dos trabalhos autônomos e empregos assalariados informais, despossuídos de acesso aos direitos sociais e trabalhistas, observa-se também a expansão recente das taxas de desemprego e de subutilização da mão de obra disponível no mercado de trabalho brasileiro. Tanto a ausência de dinamismo econômico como a desregulação do mercado de trabalho têm sido responsáveis pelo registro das maiores parcelas da força de trabalho distante do acesso ao sistema público de proteção social e trabalhista.

O Brasil tem registrado recordes recentes, sem comparação com o passado distante, somente no avanço do desemprego e na disseminação da mão de obra subutilizada em sua condição de trabalho. Diante disso, o saldo das reformas neoliberais em curso desde o ano de 2016 tem sido ainda mais prejudicial ao comportamento do mercado de trabalho brasileiro.

5.3 Considerações finais

A breve recuperação histórica apresentada anteriormente buscou situar as principais mudanças atualmente em curso no funcionamento do mercado de trabalho brasileiro enquanto imposição das recentes reformas neoliberais, que aprofundaram a trajetória precoce da desindustrialização.

O resultado de tudo isso tem sido a predominância de um massivo desemprego aberto, acompanhada da ampliação da subutilização da força de trabalho e da generalização da precarização nas ocupações. A polarização crescente no interior da sociedade revela não apenas a destruição dos postos de trabalho formais, mas também a expansão de ocupações não assalariadas e sem acesso à proteção social e trabalhista.

Após sete décadas de construção de uma superior sociedade urbana e industrial, consolidaram-se no Brasil, com o fim do ciclo político da Nova República, em 2016, os novos e inegáveis ingredientes regressivos da transição para uma sociedade de serviços. Do progresso registrado em torno da construção de uma estrutura social, medianizada por políticas sociais e trabalhistas desde a década de 1930 e sistematizadas pela Constituição Federal de 1988, constata-se, neste início do século XXI, o retorno à forte polarização no interior do mundo do trabalho.

O movimento em curso de desregulação do trabalho enfraquece a soberania e autonomia das políticas públicas, cada vez mais subordinadas à ordem econômica de caráter neocolonial. Nessas circunstâncias, a reformulação do sistema de proteção social e trabalhista vem rapidamente ocorrendo desde o segundo semestre de 2016 no Brasil.

À vista disso, a reforma trabalhista e a generalização da terceirização fundamentam-se na contração do custo da mão de obra e na flexibilização da contratação laboral. O resultado tem sido a regressão dos empregos assalariados formais e a desestruturação da sociedade salarial, com elevação da polarização social em meio ao avanço do precariado assalariado sem carteira assinada e das ocupações não assalariadas em uma sociedade em que 1/4 da população procura por trabalho. O descarte social avança com mais pobreza e exclusão no interior da sociedade.

Referências bibliográficas

ABRANCHES, S. "Estado e desenvolvimento capitalista: Uma perspectiva de análise política estrutural". *Dados*, 20: 47-69, 1979.

AMORIN, C. "Por uma política externa altiva e solidária". *In*: SADER, E. (Org.). *O Brasil que queremos*. Rio de Janeiro: LPP/UFRJ, 2016.

ANDERSON, P. "Balanço do neoliberalismo". *In*: SADER, E.; GENTILI, P. (Orgs.). *Pós-neoliberalismo*. Rio de Janeiro: Paz e Terra, 1995.

ARRETCHE, M. "Federalismo e políticas sociais no Brasil". *São Paulo em perspectiva*, 18 (2): 17-26, 2004.

AURELIANO, L.; DRAIBE, S. "A especificidade do Welfare State brasileiro". *A política social em tempo de crise*. Brasília: MPAS/CEPAL, 1989.

BAER, W. *et al.* "Considerações sobre o capitalismo estatal no Brasil". *Pesquisa e Planejamento Econômico*, 6 (3): 726, dez. 1976 (Rio de Janeiro, IPEA).

BARBOSA, A. *A formação do mercado de trabalho no Brasil*. São Paulo: Alameda, 2008.

BARBOSA, N.; SOUZA, J. "A inflexão do governo Lula". *In*: GARCIA, M.; SADER, E. (Orgs.). *Brasil entre o passado e o futuro*. São Paulo: Boitempo, 2010.

BECK, U. *Un nuevo mundo feliz: La precariedad del trabajo en la era de la globalización*. Buenos Aires: Paidós, 2000.

BELLUZZO, L. "Abertura financeira, política industrial e crescimento". *In*: SADER, E. (Org.). *O Brasil que queremos*. Rio de Janeiro: LPP/UFRJ, 2016.

_____. "Finança global e ciclos de expansão". *In*: FIORI, L. (Org.). *Estados e moedas*. 2. ed. Petrópolis: Vozes, 1999.

BELLUZZO, L.; ALMEIDA, J. *Depois da queda*. Rio de Janeiro: Civilização Brasileira, 2002.

BOLTANSKI, L.; CHIAPELLO, E. *O novo espírito do capitalismo*. Rio de Janeiro: Martins Fontes, 2009.

BOSCHI, E.; CERQUEIRA, D. *Burocracia, clientela e relações de poder*. Rio de Janeiro: IUPERJ, 1978.

BRAGA, J.; GOÉS de PAULA, S. *Saúde e previdência*. São Paulo: Hucitec, 1981.

BRAGA, R. *A rebeldia do precariado.* São Paulo: Boitempo, 2017.

BROWN, M. *A economia política do imperialismo.* Rio de Janeiro: Zahar, 1978.

BUKHARIN, N. *A economia mundial e o imperialismo.* São Paulo: Nova Cultural, 1984.

CALIXTRE, A. *A condição informal.* Campinas: IE/Unicamp, 2011.

CAMPELO, T. "A política de combate à pobreza que queremos". *In*: SADER, E. (Org.). *O Brasil que queremos.* Rio de Janeiro: LPP/UFRJ, 2016.

CANO, W. *Desequilíbrios regionais e concentração industrial no Brasil.* São Paulo: Global, 1985.

CARDOSO JÚNIOR, J. *A Constituição Brasileira de 1988 revisada.* Vol. 1. Brasília: Ipea, 2009.

CARDOSO, A. *Trabalhar, verbo transitivo.* Rio de Janeiro: FGV, 2000.

CARVALHO, J. M. de. *Cidadania no Brasil.* 11. ed. Rio de Janeiro: Civilização Brasileira, 2008.

CASTRO, A. *7 ensaios sobre a economia brasileira.* Vol. 1. 2. ed. Rio de Janeiro: Forense, 1972.

CASTRO, J. et al. *Gasto social federal e política macroeconômica.* Brasília: IPEA, 2008.

CHESNAY, F. *A mundialização do capital.* São Paulo: Xamã, 1996.

COATES, D. *Models of capitalism.* Oxford: Polity, 2000.

CUNHA, L. *Educação e desenvolvimento social no Brasil.* Rio de Janeiro: FA, 1980.

DAIN, S. "O financiamento público na perspectiva da política social". *Economia e Sociedade*, 17: 113-140, dez. 2001 (Campinas).

DEPARTAMENTO INTERSINDICAL DE ESTATÍSTICA E ESTUDOS SOCIO-ECONÔMICOS. *A situação do trabalho no Brasil.* São Paulo: DIEESE, 2001.

DINIZ, E. *Empresário, Estado e capitalismo no Brasil.* Rio de Janeiro: Paz e Terra, 1978.

DRAIBE, S. "O sistema brasileiro de proteção social: O legado desenvolvimentista e a agenda recente de reformas". *Caderno de Pesquisa*, 32, 1998 (Campinas, NEPP/Unicamp).

_____. "O sistema de proteção social e suas transformações recentes". *Reformas de Políticas Públicas*, 14, 1993 (Santiago do Chile, CEPAL).

Referências bibliográficas

DRAIBE, S. *Rumos e metamorfoses*. Rio de Janeiro: Paz e Terra, 1985.
DREIFUSS, R. *Transformações*. Petrópolis: Vozes, 2004.
DULCI, L. "Participação e mudança social no governo Lula". *In:* GARCIA, M.; SADER, E. (Orgs.). *Brasil entre o passado e o futuro*. São Paulo: Boitempo, 2010.
EAGLETON, T. *As ilusões do pós-modernismo*. Rio de Janeiro: Zahar, 1998.
ESPING-ANDERSEN, G. *The Three Worlds of Welfare Capitalism*. Princeton: PUP, 1990.
FAGNANI, E. *Política social no Brasil*. Campinas: IE/Unicamp, 2005.
FERNANDES, F. *A revolução burguesa no Brasil*. Rio de Janeiro: Zahar, 1975.
FERREIRA, M. *O Estado brasileiro*. São Paulo: PUC/SP, 2007.
FIORI, J. "O Brasil e seu 'entorno estratégico' na primeira década do século XXI". *In:* SADER, E. (Org.). *10 anos de governos pós-neoliberais no Brasil*. São Paulo: Boitempo, 2013.
FREIDEN, J. *Capitalismo global*. Madri: M. Crítica, 2007.
FRIGOTTO, G. *Educação e a crise do capitalismo real*. 4. ed. São Paulo: Cortez, 2000.
FURTADO, C. *Brasil, a construção interrompida*. São Paulo: Paz e Terra, 1992.
GARCIA, M. "Dez anos de política externa". *In:* SADER, E. (Org.). *10 anos de governos pós-neoliberais no Brasil*. São Paulo: Boitempo, 2013.
_____. "O lugar do Brasil no mundo". *In:* GARCIA, M.; SADER, E. (Orgs.). *Brasil entre o passado e o futuro*. São Paulo: Boitempo, 2010.
GENTIL, D. *A política fiscal e a falsa crise da seguridade social brasileira*. Rio de Janeiro: IE/UFRJ, 2006.
GIMENEZ, D. et al. *Dimensões críticas da reforma trabalhista no Brasil*. Campinas: Curt Nimuendajú, 2018.
GLATTFELDER, J. *Decoding Complexity: Uncovering Patterns in Economic Networks*. Suíça: Springer, 2013.
GOUGH, I. *The political economy of the welfare state*. Londres: Macmillan, 1979.
GUIMARÃES, S. P. *Quinhentos anos de periferia: Uma contribuição ao estudo da política internacional*. Porto Alegre: Editora da UFRGS, 1999.
HARDT, M.; NEGRI, A. *Empire*. Cambridge: HUP, 2000.
HENRIQUE, W. *O capitalismo selvagem*. Campinas: IE/Unicamp, 1999.
HILFERDING, R. *O capital financeiro*. São Paulo: Nova Cultural, 1985.

HOBSBAWM, E. *Da revolução industrial inglesa ao imperialismo*. Rio de Janeiro: Forense, 1989.

HOBSON, J. *Estúdio del imperialismo*. Madri: Alianza, 1981.

HUDSON, M. *Super Imperialism*. Londres: Pluto, 2003.

IANNI, O. *Estado e planejamento econômico no Brasil*. Rio de Janeiro: Civilização Brasileira, 1977.

LENGLET, F. "La fin de la mondialisation?". *Alternatives Economiques*, 304, jan. 2017 (Paris).

LENIN, V. *O Imperialismo*. São Paulo: Global, 1979.

LOPREATO, L. *O colapso das finanças estaduais e a crise da federação*. São Paulo: Unesp/Unicamp, 2002.

MAGDOFF, H. *A era do imperialismo*. São Paulo: Hucitec, 1978.

MARSHALL, T. *Política social*. Rio de Janeiro: Zahar, 1967.

MARTINS, C. *Capitalismo de estado e modelo político no Brasil*. Rio de Janeiro: Graal, 1977.

MATTOSO, J. "Dez anos depois". *In*: SADER, E. (Org.). *10 anos de governos pós-neoliberais no Brasil*. São Paulo: Boitempo, 2013.

MELLO, J. "Prólogo: A contra-revolução liberal-conservadora e a tradição latino-americana". *In*: TAVARES, M.; FIORI, J. (Orgs.). *Poder e dinheiro: Uma economia política globalizada*. Petrópolis: Vozes, 1997.

_____. *Capitalismo tardio*. São Paulo: Brasiliense, 1982.

_____. "O estado brasileiro e os limites da estatização". *Ensaios de Opinião*. Rio de Janeiro: Paz e Terra, 1977.

MELMAN, E. *Depois do capitalismo*. São Paulo: Futura, 2002.

MILBERG, W.; WINKLER, D. *Outsourcing Economics Global value chains in capitalist development*. Cambridge: CUP, 2013.

MILIBAND, R. "O Estado na sociedade capitalista". *In*: CARDOSO, F.; MARTINS, C. (Orgs.). *Política e sociedade*. São Paulo: Nacional, 1979, p. 62-70.

NOBRE, M. *Imobilismo em movimento*. São Paulo: Companhia das Letras, 2013.

NUNES, E. *A gramática política do Brasil*. Rio de Janeiro: Zahar, 1997.

PEREIRA, L. *Estado e subdesenvolvimento industrializado*. São Paulo: Brasiliense, 1977.

POCHMANN, M. *Brasil sem industrialização: A herança renunciada*. Ponta Grossa: UEPG, 2016.

_____. *O mito da grande classe média*. São Paulo: Boitempo, 2014a.

Referências bibliográficas

POCHMANN, M. *A vez dos intocáveis no Brasil*. São Paulo: FPAbramo, 2014b.

_____. "Políticas públicas e situação social na primeira década do século XXI". *In*: SADER, E. (Org.). *10 anos de governos pós-neoliberais no Brasil*. São Paulo: Boitempo, 2013.

_____. *O trabalho no Brasil pós-neoliberal*. Brasília: Liber Livro, 2011.

_____. "What Brazil learned from flexibilization in the 1990s". *International Labour Review*, 148 (3), set. 2009.

_____. *A superterceirização do trabalho*. São Paulo: LTr, 2008.

POLANYI, K. *A grande transformação*. Rio de Janeiro: Elsevier, 2000.

REICH, R. *O futuro do sucesso: O equilíbrio entre o trabalho e qualidade de vida*. Barueri: Manole, 2002.

RIMLINGER, G. *Welfare policy and industrialization in Europe, America, and Russia*. Nova Iorque: John Wiley & Sons, 1971.

SALLUM JÚNIOR, B. "Metamorfoses do Estado brasileiro no final do século XX". *Revista Brasileira de Ciências Sociais*, 18 (52): 35-52, 2003 (São Paulo).

SANTOS, W. *Cidadania e justiça*. Rio de Janeiro: Campus, 1979.

SCHUMPETER, J. *Imperialismo e classes sociais*. Rio de Janeiro: Zahar, 1961.

SILVA, F. "Avaliação do setor público na economia brasileira". 2. ed. Rio de Janeiro: IPEA, 1974 (Coleção Relatórios de Pesquisa, 13).

SILVA, P. "Políticas governamentais e perfis de intervenção". *Revista de Administração Pública*, 20 (2): 3-28, abr./jun. 1986 (Rio de Janeiro).

STANDING, G. *O precariado: A nova classe perigosa*. Belo Horizonte: Autêntica, 2013.

SUZIGAN, W. "As empresas do governo e o papel do Estado na economia brasileira". *In*: REZENDE, F. et al. *Aspectos da participação do Estado na economia*. Rio de Janeiro: IPEA, 1976.

TAVAREZ, M. *Acumulação de capital e industrialização no Brasil*. Campinas: IE/Unicamp, 1986.

TEIXEIRA, M. et al. *Contribuição crítica à reforma trabalhista*. Campinas: CESIT/IE/Unicamp, 2017.

TITMUSS, R. *Essays on the Welfare State*. Surrey: Unwin Brothers, 1963.

UNGER, R. *Política*. São Paulo: Boitempo, 2001.

VILLELA, A.; SUZIGAN, W. *Política do governo e crescimento da economia brasileira*. 2. ed. Rio de Janeiro: IPEA, 1975.

WOOD, E. *Empire of Capital*. Londres: Verso, 2003.

Esta obra foi composta em sistema CTcP
Capa: Supremo 250 g – Miolo: Book Ivory Slim 65 g
Impressão e acabamento
Gráfica e Editora Santuário